MÉMOIRE

Pour JEAN - FRANÇOIS JAQUELIN;

Sieur DE PRÉPONT,

CONTRE

Maître A I M É F O U Q U E T , Curé de Veret , Demandeur.

En la préfence de Maître ANTOINE DRURIE, Curé
d'Agnerville ; & de Noble Homme PIERRE - FRANÇOIS
PAUL DE PARFOURU, Prêtre, Défendeurs.

*Malas de fe opiniones & fufpiciones , non folum quandó erum-
punt , divellat ; fed procul undè erumpere poffent , profpiciat , & cau-
fas ipfas è quibus oriri poffent longo ante tempore interimat.* Ceci eft
tiré de Saint Chryfoftôme , au rapport du fieur Fouquet, page 2
de fon Mémoire imprimé,

LE Sieur Curé de Veret a fait imprimer un Mémoire
chargé de beaucoup d'érudition , prétendant prouver deux chofes principales , qui font que le Suppliant eft un méchant & un calomniateur , & qu'il a
pour complices de fes calomnies les fieurs Drurie &
de Parfouru, Prêtres ; & pour précaution oratoire ,
il cite le paffage du grand Chrifoftôme ci-deffus , afin qu'on ne
vienne pas lui réprocher qu'étant Eccléfiaftique , & prêchant chacun jour le pardon des offenfes , il auroit dû facrifier à la Religion, dont il eft Miniftre , un reffentiment que les procédés de
deux de fes Confréres & d'un Laïque, qu'il dit avoir aimés avec
diftinction , auroient pû lui occafionner.

Quand on parle d'une façon & qu'on agit de l'autre, il faut

A

bien tacher d'éluder aux yeux du Public ces contradictions ; & c'est là sans doute le motif de la citation que fait le sieur Fouquet du passage du Patriarche de Constantinople, qu'il adressoit aux Ecclésiastiques de son tems, non pour les rendre intolérans contre les offenses, ou les engager à en demander réparation ; mais pour les porter à prévenir, arracher tous les scandales, & en étouffer jusqu'aux causes.

Si c'est de ce passage dont le sieur Curé de Veret s'autorise, *pour*, dit-il, *immoler à sa justification ceux qu'il auroit voulu épargner par inclination & par choix*, il est bien loin de l'esprit du Saint qu'il cite, puisque cette exhortation n'a été faite aux Ecclésiastiques, que pour les porter non-seulement à faire le bien; mais à éviter jusqu'aux apparences du mal. Ce grand Saint les vouloit tellement gens de bien, qu'ils ne dussent pas même être soupçonnés.

Or est-il bien vrai que le sieur Curé de Veret, qui s'autorise d'un passage qui le foudroye, soit bien fondé à supposer contre toute vérité, & même contre toute vraisemblance, que le sieur de Prépont ait fait un complot avec le sieur Curé d'Agnerville & le sieur de Parfouru, pour le diffamer ? Est-il bien vrai que la Supplique que le sieur de Prépont a donnée aux Ecclésiastiques de la Conférence, ne contiennent que des faits calomnieux ? C'est ce que le sieur de Prépont consent être examiné d'après & dans l'esprit du passage cité par sa Partie.

La déduction des faits prouvera au contraire que le prétendu complot des sieurs Drurie & de Parfouru avec le sieur de Prépont, est une vraie chimére, dont le sieur Fouquet ne suppose la réalité que pour s'amuser, & que le sieur de Prépont n'a fait cette Supplique vis-à-vis des Confréres du sieur Curé de Veret, que pour s'éviter le chagrin d'avoir un Procès avec lui, & publier (ce qu'il est forcé de faire) les ruses & mauvais tours dudit sieur Curé de Veret.

Si donc le sieur Fouquet eût réfléchi sur son état, ainsi que sur les événemens critiques d'une justification hasardée, il se seroit épargné la peine de répandre dans le Public un Mémoire imprimé, qui ne peut tourner qu'à sa confusion.

Cet Ecrit par lui signifié le 30 Mai dernier, n'est qu'un tissu de faits déguisés, que le sieur de Prépont se flate de dévoiler.

Il va donc entrer en matiére, & donner l'explication de deux Procès qui furent faits à ses Auteurs; après quoi il rendra compte du Procès que lui fit le sieur Fouquet en 1761, pour raison d'un fossé qu'il vouloit usurper dans la partie de l'ancien chemin sur le terroir d'Agnerville qui appartient au sieur de Prépont : lequel Procès, quoique terminé par une Transaction faite entr'eux le 18 Août 1761, n'a pas moins servi de prétexte au sieur Fouquet pour susciter au sieur de Prépont deux autres Procès par le nommé Vaudelles dont le fieur Fouquet eft parent & porteur de procuration, & dont il fe fert, comme d'un inftrument pour vexer avec impunité ceux qui lui déplaifent.

PREMIER PROCÈS.

En 1714 ou en 1715, Henri-Loüis Yver attaqua les Auteurs du fieur de Prépont, pour les arrérages d'une prétendue rente de 20 liv.

Ce Procès fut pourfuivi jufqu'en l'année 1722 qu'il intervint Arrêt en faveur des fieurs Jaquelin, & fut définitivement terminé par une Tranfaction faite entr'eux & Henri-Loüis Yver devant les Notaires de Bayeux le 27 Novemb. 1723. Il en réfultera plufieurs éclairciffemens d'importance, & on les expliquera dans la fuite.

Qui croira que ce Procès, qui fut terminé par cette Tranfaction, dût être renouvellé de nos jours par le fieur Fouquet? C'eft cependant un fait très-véritable, & le fieur de Prépont a effuyé tout ce qu'une chicanne la plus odieufe a mis en œuvre; le fieur Fouquet, Confeil de Vaudelles fon parent, n'a rien négligé depuis quatre ans pour tourmenter le fieur de Prépont, & le conftituer en dépenfes, tant à Bayeux qu'à Roüen pour la fuite de ce Procès, & le faire fuccomber, s'il eût été poffible; & cette perfécution n'a ceffé que par un Arrêt rendu en la premiere des Enquêtes le 17 Août dernier, qui a renverfé les projets iniques du fieur Fouquet, & qui a condamné Vaudelles aux dépens.

DEUXIÉME PROCÈS.

Ce fut auffi vers l'année 1715 que Mrs. de la Bretonniére & d'Ecrameville attaquérent le fieur Jaquelin pere du fieur de Prépont, & qu'ils attaquérent pareillement Gabriel Fouquet pere du fieur Curé de Veret, pour être payés de huit boiffeaux de froment & 30 fols de rente fonciére & Seigneuriale à eux düe, à caufe du tennement Bâton. Ils obtinrent une Sentence le 15 Juillet 1718, par laquelle ils firent condamner les fieurs Jaquelin & Fouquet au payement des arrérages de ladite rente. Cette Sentence accorde aux fieurs Jaquelin & Fouquet une action récurfoire contre Henri-Loüis Yver: voici ce qu'elle prononce.

» Nous Avons la Sentence provifoire du 11 Décembre 1716
» jugée tranfir en diffinitive, à l'égard des Seigneurs de la Breton-
» niére, & icelle rétractée en ce qui regarde lefdits Jaquelin, Fou-
» quet & Yver; quoi faifant, ledit Fouquet jugé détenteur de la
» demi-acre de terre faifant l'aîneffe du tennement Bâton, employée
» dans les Gages-pléges produits, & fujette en 12 boiffeaux de fro-
» ment & 30 fols de rente Seigneurialle, & condamné d'en payer,

» faire & continuer auxdits sieurs de la Bretonnière 4 boisseaux &
» 3 o sols du nombre de ladite rente, & d'en payer les arrérages dûs.
» Ledit Jaquelin aussi condamné, suivant sa reconnoissance, de faire
» & continuer 4 autres boisseaux de froment du nombre desdits 12
» & d'en payer aussi les arrérages dûs, sans préjudice de la solidité,
» pour l'intégrité de la rente, à l'égard desdits sieurs de la Breton-
» nière. *Desquelles condamnations jugées en capital & arrérages payés,*
» *ou qui le pourront être ci-après, récompense en est adjugée auxdits*
» *Fouquet & Jaquelin sur ledit Henri-Louis Yver, lequel sera tenu*
» *de leur en mettre la défalcation entre les mains, dépens adjugés aux-*
» *dits sieurs de la Bretonnière. &c.....*

On va maintenant parler des motifs qui déterminèrent la Transaction du 27 Novembre 1723. Elle fut faite en premier lieu pour
terminer le Procès qu'avoit intenté Henry-Louis Yver aux Auteurs
du sieur de Prépont, & qui avoit occasionné l'Arrêt du 26 Mars
1722. Elle porte *qu'après avoir compté avec eux, Henry-Louis Yver*
s'étoit trouvé redevable de 1171 livres ; & pour en demeurer quitte,
il leur vendit plusieurs héritages, dont on va parler ci-après. Et en
second lieu, par cette Transaction, ils réglérent la contestation qu'ils
avoient eûe pour les quatre boisseaux de froment, dont la récompense leur étoit accordée par la Sentence ci-dessus. Voici encore
ce qui y est porté : » Et d'autant que les Parties sont en Procès
» en Bailliage à Bayeux, à l'occasion d'une rente Seigneuriale dûe
» au Seigneur de la Bretonnière, le même Procès demeure exteint
» & terminé, au moyen d'une somme de 172 liv. *pour frais & dé-*
» *pens faits en conséquence d'icelui,* de laquelle rente ledit sieur Yver
» *demeurera chargé.*

Et voici le détail des fonds vendus par cette Transaction : » Ledit
» sieur Yver a par ces présentes vendu, quitté, cédé & délaissé à
» la Demoiselle & sieur Jaquelin, à ce présens & acceptans ; c'est
» à sçavoir, une piéce de terre sise à Formigny, delle de la Gode-
» rie, nommée le Caney, *fermée de hayes & fossés, partie en dé-*
» *pendans.....* Item deux sillons de terre scis en la campagne dudit
» lieu de Formigny, delle des Hautes-guéres..... Item, quatre sil-
» lons de terre scis en la Paroisse d'Agnerville en la delle du Ca-
» vé, jouxte & butte le Seigneur de la Bretonnière, Gabriel Fou-
» quet......

» Item, un sillon de terre en la delle du petit Cavé.... jouxte
» des deux côtés Gabriel Fouquet.... Item, un autre sillon de
» terre en la delle du Courchon, scis audit lieu d'Agnerville,
» jouxte des deux côtés Madame de la Heuze.... *lesquels trois ar-*
» *ticles vendus sur le pied de 500. livres.* * La lecture & audience
» de ce contrat fut faite le 12 Décembre 1723.

* Le sieur Fou-
quet s'est fait sai-
sir cesd. trois ar-
ticles par Vau-
delles, comme on
le verra à la fin de
ce Mémoire.

Le sieur Fouquet, comme Parent de Henry-Louis Yver, clama
les fonds en entier devant le Notaire de Treviéres au mois de Janvier

vier 1725.; & en étant devenu par ce moyen Propriétaire incom-
mutable, il revendit la piéce du Caney au sieur Michel Jaquelin
le dernier jour d'Avril suivant, c'est-à-dire, environ trois mois après
cette clameur.

On sera surpris sans doute que le sieur Fouquet qui intenta cette
clameur en 1725, & qui environ trois ou quatre mois après revendit
la piéce du Caney au feu sieur Duval Jaquelin, ait fait interroger
le sieur de Prépont les 27 & 28 Juin 1763, & lui ait fait demander, *s'il n'étoit pas vrai que lui sieur Fouquet avoit fait cette
clameur par complaisance pour lui Prépont* : à quoi celui-ci répondit » qu'il étoit extraordinaire que le sieur Fouquet lui fît faire un
» pareil interrogat, attendu qu'en 1725 ledit sieur de Prépont n'é-
» toit âgé que de dix ans.

Le sieur Fouquet, qui sçavoit bien que le fait ne pouvoit être
véritable, a été forcé de changer de langage, page 18 de son Mémoire, en disant qu'il avoit donné *ces connoissances au sieur de Prépont devant le Vicaire de Formigny*, c'est-à-dire, vers l'année 1762.
Mais ce fait est aussi faux que l'autre, comme il sera démontré dans
la suite, en rapportant le certificat de ce Vicaire.

Après avoir parlé des deux Procès faits à ses Auteurs, & de la
Transaction qui y avoit mis fin, le sieur de Prépont va faire le détail du Procès que le sieur Curé de Veret lui intenta en 1761.

TROISIÉME PROCÈS

*Intenté par le Sieur Fouquet au Sieur Jaquelin de Prépont,
pour réclamer un fossé dans l'ancien chemin de Bayeux à
Isigny, Paroisse d'Agnerville.*

Le sieur Fouquet, comme il a été dit, fit ce Procès au sieur de
Prépont : il présenta plusieurs Requêtes : le sieur de Prépont en présenta de son côté. Elles ont été déposées au secret de Justice lors de
son interrogatoire. M. l'Intendant avoit ordonné une accession de
lieu, & ce fut en conséquence que le sieur Hennequin, Sous-ingénieur des Ponts & Chaussées, se transporta sur le terrein contentieux
le 17 Août 1761.

Le sieur Hennequin ne fit rien que de l'agrément du sieur Fouquet, puisque lui-même par une de ses Requêtes avoit conclu l'accession de lieu, *pour faire dire que Procès-verbal sera dressé par Experts convenus ou nommés d'office..... & le sieur Fouquet, qui fut
accablé par la décision de cet arbitre,* * fut obligé le lendemain 18
de s'arranger, & de signer avec le sieur de Prépont une Transaction, par laquelle il s'obligea de payer les dépens réduits aux deniers déboursés, & la vacation du Sous-ingénieur. Le sieur Fouquet n'a point pris de Lettres de restitution contre cette Transaction ; elle doit donc avoir son exécution, malgré les efforts qu'il
fait pour la détruire.   B

* Page seize de
son Mémoire.

6

Il fut réglé par cette Transaction que le sieur Fouquet auroit 38 pouces de terrein, à prendre du pied de sa haye d'épines; ce qui fut mesuré par le Sous-ingénieur, qui fit placer des piquets le long de la masse de ce fossé, qui avoit au moins quatre pieds d'épaisseur. Il résultoit de cette opération que, les 38 pouces pris au profit du sieur Curé, le surplus de l'épaisseur de cette masse, du côté de l'ancien chemin, appartiendroit au sieur de Prépont.

Cette Transaction, qui sembloit devoir adoucir le sieur Fouquet, ne servit qu'à l'enflammer davantage. Il commença d'abord à y donner atteinte, en usurpant le pied de terre que cette Transaction conservoit au sieur de Prépont au-delà des 38 pouces qui avoient été cédés au sieur Fouquet.

Il n'a pas méconnu cette entreprise; mais il prétend que le sieur de Prépont n'étoit pas fondé à lui en faire un reproche. *Où a-t-on vû*, dit-il page 8 de son Mémoire, *qu'il soit permis à un homme de laisser la chose qu'il a perduë à celui qui la possède, * pour acquérir à ce moyen l'autorité de le traiter en toute occasion de voleur?*

* Le mot POS- SEDE est ici impropre, il falloit dire USURPÉE.

Non, sieur Fouquet, le sieur de Prépont n'a point cherché à acquérir le droit ni l'autorité de vous traiter de voleur: à Dieu ne plaise qu'il soit jaloux d'user d'un tel privilége envers quique ce soit. Il y avoit plus d'un an qu'il s'étoit plaint de votre usurpation: il avoit mené plusieurs Personnes sur le lieu, pour voir & examiner votre entreprise. Vous vous y êtes même trouvé, sieur Fouquet. Le sieur de Prépont vous en fit des reproches en leur présence; mais tout cela devenoit inutile: vous aviez encore la meilleure raison. Il ne restoit donc au sieur de Prépont que la triste ressource de vous faire un Procès; & c'est ce qu'il vouloit éviter, connoissant combien vous êtes difficile de discution. Il préféroit donc son repos & sa tranquillité au chagrin d'essuyer un Procès contre vous; & il ne se seroit jamais plaint à vos Confréres de cette usurpation, si vous n'aviez pas manœuvré avec Vaudelles pour lui faire deux autres Procès.

Ainsi, sieur Fouquet, le sieur de Prépont *ne vous a point laissé la chose qu'il a perduë, pour que vous la possédassiez*: il ne vous l'a laissée malgré lui, que parcequ'il ne vouloit pas de procès avec vous; Vaudelles lui donnoit assés d'occupation. C'est donc vous, sieur Fouquet, qui avez donné matiére à ses plaintes, par l'usurpation que vous lui avez faite, & les deux autres procès dont vous êtes l'auteur.

Il paroîtra sans doute bien singulier que le sieur Fouquet veüille tourner à son avantage & à sa gloire une usurpation par lui faite: peu s'en faut qu'elle ne lui vaille de titre d'une possession paisible & légitime.

Comme le sieur de Prépont vient d'établir que le sieur Fouquet avoit donné atteinte à la Transaction qu'il a signée, en usurpant le

pied de terre en queſtion , il va faire voir encore que le ſieur Fouquet eſt contrevenu à l'Ordonnance de 1667 , qui défend de re-
cevoir aucunes preuves par Témoins , *contre & outre le contenu aux
actes.*

Le ſieur Fouquet eſt convenu , page 16 de ſon Mémoire , que
lors de l'acceſſion de lieu , ordonnée par M. l'Intendant , il avoit
voulu établir aux yeux du ſieur Hennequin » qu'il y avoit un creux
» & encore une maſſe qui partageoient ſes héritages d'avec le grand
» chemin ; & par là il eſpéroit conſerver ſon bien ; mais il fut ac-
» cablé , dit-il , par la déciſion de cet Arbitre , qui ne donna pas
» le tems qu'on fit des opérations réguliéres & ſuffiſantes. *Et plus
bas il ajoûte :* Envain Prépont voudroit-il demander des procès-
» verbaux d'acceſſion de lieu ; c'eſt un moyen employé pour faire
» illuſion , pour répandre des nuages *ſur la preuve faite ,* pour dé-
» tourner le Magiſtrat du véritable objet du procès , & qui eſt
» une plainte en injure & en diffamation écrite.

Si le ſieur Fouquet étoit moins préoccupé , il s'appercevroit tout
d'un coup que *la prétenduë preuve par lui faite* eſt une contravention manifeſte à l'Ordonn. de 1667 , titre 20 , article 2 , qui défend
de faire aucune preuve par témoins contre un fait par écrit. Or le
ſieur Fouquet , comme il en convient , *fut accablé par la déciſion de
cet arbitre. Inutilement voulut-il établir aux yeux de cet homme qu'il
y avoit un creux & encore une maſſe ;* il ne put réſiſter aux opérations
que cet Ingénieur fit faire en ſa préſence pendant l'eſpace de plus
de deux heures pour faire fouiller la terre aux endroits mêmes que
le ſieur Fouquet lui indiqua. La terre partout fut reconnuë vierge ;
preuve inconteſtable qu'elle n'avoit jamais remué , & conſéquem-
ment qu'il n'y avoit jamais eû de creux & encore moins de maſſe.
Tout cela parut même ſi évident au ſieur Fouquet , qu'il demanda
à tranſiger , ce qui fut fait le lendemain 18 Août.

C'eſt d'après cette Tranſaction qui eſt *un acte par écrit* , que le ſieur
Fouquet vient faire une information pour la détruire , en faiſant entendre un nombre prodigieux de témoins , pour rapporter des faits
contraires aux opérations *& à la déciſion* du Sous-ingénieur , contraires à cette Tranſaction même , & contraires en même tems à la
demande & aux concluſions de ſes Requêtes , dans l'une deſquelles
il avoit demandé *que Procès-verbal ſeroit dreſſé par Experts convenus ou nommés d'office.....* C'eſt donc bien mal à propos qu'il a
fait entendre des Témoins ſur des faits où il étoit doublement non-
recevable , & par les Ordonnances du Royaume , & par ſon propre fait.

Ce ſeroit donc une Procédure bien monſtrueuſe que celle qui
conſerveroit tout-à-la-fois deux preuves contraires , dont la premiére ſe tireroit d'une inſtruction juridiquement faite , & ſuivie
d'une Tranſaction dépoſée au ſecret de Juſtice , avec les piéces qui

en font le fondement ; & l'autre qui fe tireroit d'une preuve par Témoins, mais qui détruiroit la preuve littérale, contre le vœu de toutes les Loix. Il faut donc que le fieur Fouquet convienne que fon
information eft nulle, ainfi que les récolemens, confrontations &
tout ce qui s'eft fait en conféquence.

En effet fi l'Ordonnance condamne fi étroitement, en matiére Civile, la preuve par témoins *contre & outre le contenu aux actes*,
quelle doit être fa prohibition & fa défenfe en matiére Criminelle,
où un accufé par le récolement & la confrontation des témoins eft
expofé à perdre fon honneur, fon état, fa liberté & quelquefois la
vie? Ainfi le fieur Fouquet ne peut oppofer de prétexte raifonnable
pour couvrir une contravention fi manifefte aux Ordonnances, &
fi contraire aux vrais principes: toute cette procédure eft donc nulle.

Il n'eft point d'efforts que le fieur Fouquet ne faffe pour donner
le change à la Juftice, & pour la diftraire, s'il étoit poffible, du véritable point de vuë où elle doit s'attacher : il foutient, contre toute
vérité qu'il y a eû deux alignemens, dont il prétend que le premier
fut fait en 1732. Il ne craint point d'affirmer un fait auffi faux contre la notoriété publique, quoique le premier & le feul alignement
qu'on connoiffe, n'ait été fait qu'en 1735. C'eft à cette occafion qu'il
foutient encore un autre fait auffi faux, en difant qu'il a fait abattre
une maifon & des pommiers dans fon herbage, *parcequ'ils devoient
fe trouver dans le chemin*; il faut lire fa Requête du 27 Juillet 1761:

» Et vous remontre qu'il eft propriétaire & poffeffeur d'une piéce
» de terre de contenance d'environ 20 vergées, fituée paroiffe d'A-
» gnerville, delle du Cavé, jouxte d'un côté *le Seignéur d'Ecrame-*
» *ville*, d'autre *Jacques Jeaume*, but ci-devant l'ancien grand che-
» min des Vez, entourée de hayes & foffés tout-au-tour. Cette
» piéce de terre a été mife *en nature d'herbage* par le Suppliant,
» & étoit en labour avant en pleine campagne. Les hayes & foffés
» y ont été faits par le Suppliant en 1732, pour y contenir les
» beftiaux qui y feroient mis à pâturer. La barriére d'entrée y fut
» faite du côté de l'ancien grand chemin. Dans le tems que le Sup-
» pliant fe difpofoit à faire cette clôture, il y eut un premier ali-
» gnement pour le grand chemin nouveau, qui *fe portoit* alors,
» plus qu'aujourd'hui, *du côté du Nord*; pourquoi on fit abattre
» par le Suppliant plufieurs arbres & pommiers, *& une petite mai-*
» *fon fur cette piéce.*

Voilà une fable qu'il a plu au fieur Fouquet d'imaginer; mais
à qui fera-t-il croire la réalité de cette maifon fur cette piéce mife
en nature d'herbage ? Si cela étoit vrai, il auroit fallu non-feule-
ment que ce premier alignement *fe fût porté plus qu'aujourd'hui
du côté du Nord*, mais encore *qu'il fe fût porté au Nord* de l'ancien chemin, & que les Ingénieurs en ce cas euffent fait abattre une
partie des pommiers de François Merlinc, ceux de M. de Formigny,

migny, & enfin ceux du fieur de Prépont qui font fur une pointe
de terre en labour qui joint le chemin tendant du val de Formigny à Veret : ils auroient encore fait abattre la haye & le foffé de
cette pointe.

Ce n'eft pas tout encore ; il auroit fallu, dans le fiftême du fieur
Fouquet, que cet alignement eût été tracé dans l'herbage de Ca-
nappe, qui appartient au fieur de Prépont ; & conféquemment que
les Ingénieurs euffent changé la grande route qui traverfe le val de
Formigny, pour la faire paffer derriére ce village du côté du Nord ;
il auroit encore fallu en ce cas abandonner le pont proche la Cha-
pelle St. Loüis, fait à grands frais ; pour fuivre ce plan chimérique.

Le fieur Fouquet ne craint point de dire les chofes les plus ab-
furdes, pour donner le change & en impofer. C'eft un privilége
qu'il s'eft cru permis, *pour juftifier fon innocence* ; mais quelle forte
de juftification que celle qui ne fe fait qu'aux dépens de la vérité !
Quelle idée raifonnable s'en doit-on former !

Il ofe traiter le fieur de Prépont de calomniateur dans des faits
où le fieur Fouquet eft convaincu lui-même du plus honteux men-
fonge. Il foutient encore page 17 de fon Mémoire, ainfi qu'il l'a
foutenu dans fes Requêtes dépofées au fecret de Juftice, qu'il avoit
fait abattre cette maifon & une rangée de pommiers fur fon herbage, *parcequ'ils devoient fe trouver dans le chemin.* Le fieur de
Prépont a foutenu au contraire & foutient encore que le fait eft
faux, puifqu'encore une fois il n'y a point eû d'autre alignement
que celui de 1735, qui exifte actuellement au Midi, & non pas
au Nord de l'ancien chemin.

En 1756 ou 1757, quand les Ingénieurs travaillérent à la chauffée en pierres, ils la portérent un peu plus vers le Midi que vers
le Nord, dans la partie qui eft immédiatement au-deffus du pont
St. Louis, fans toucher aux arbres qui avoient été plantés en 1735,
ce qui fait que dans cette partie les arbres du côté du Midi fe
trouvent fur le bord du foffé du chemin neuf ; mais le fieur Fouquet n'a pu difconvenir que dans la partie qui eft vis-à-vis fon herbage, & conféquemment vis-à-vis l'ancien chemin qui a fait l'objet
de leur conteftation, la chauffée, les arbres & les foffés, tout eft
à une diftance égale au Nord & au Midi. Il faut donc regarder cet
alignement prétendu de 1732 comme un prétexte imaginé de la
part du fieur Fouquet, pour en conclure contre toute vérité, comme
il a fait par ladite Requête du 27 Juillet 1761, *qu'il avoit laiffé
fur le chemin plufieurs pieds de fon héritage, pour foutenir fon foffé
& fa haye.*

Il étoit donc fort inutile que le fieur Fouquet indiquât au fieur
de Prépont le contrat du 17 Mars 1732, pour fuppofer cette maifon abattuë dans fon herbage, qui n'y avoit jamais été bâtie. C'eft
une création nouvelle de fa part, comme l'alignement de 1732.

C

En effet, cette maison qui lui fut venduë par Jean David en 1732, & qu'il fit abattre ensuite, étoit éloignée de son herbage de plus de 28 perches : elle étoit au Midi de l'ancien chemin, & son herbage au Nord. Ne faut-il donc pas plus que de la hardiesse, pour soutenir un fait si contraire à la vérité, offert constater par procès-verbal.

Il n'est point de Voyageurs qui ayent marché la grande route de Bayeux à Isigny depuis 35 ou 40 ans, qui n'aient vû l'existence de cette maison de Jean David au Midi de l'ancien chemin, & l'herbage du sieur Fouquet au Nord à plus de 28 perches plus loin. Le sieur Fouquet ne rougit pourtant pas de dire que le sieur de Prépont *lui donne un démenti essentiel*, en lui disant *qu'il n'y a jamais eû de maison ni de pommiers au lieu en question*; & il a l'impudence d'ajoûter encore, *que le sieur de Prépont lui a fait tenir un langage qu'il n'a point tenu*.

Le sieur Fouquet, qui a faussement avancé tant de faits si contraires à la vérité, sera-t-il cru, lorsqu'il viendra dire *qu'il avoit laissé plusieurs pieds de son héritage au-delà de son fossé*, du côté de l'ancien chemin du sieur de Prépont ? Le témoignage de deux ou trois Témoins qu'il a fait entendre dans son information, (témoignage nul de droit) prévaudra-t-il à celui de quelques autres de cette même information, qui sont convenus que le sieur de Prépont a fait labourer cet ancien chemin, sans avoir touché à la haye & au fossé du sieur Fouquet, qui existent encore, comme il les en a fait convenir à la confrontation, & comme il est aisé de s'en convaincre par la visite du lieu.

Guillaume Cardon, un des Témoins du sieur Fouquet, étoit présent lors de l'accession du Sous-ingénieur le 17 Août 1761 : il vit faire les opérations pour chercher le fossé & la masse prétendus dans l'ancien chemin du sieur de Prépont à plus de quatre pieds loin de la haye du sieur Curé. Ce Témoin dit quelque tems après à des Personnes qui l'ont rapporté au sieur de Prépont, que si M. Hennequin avoit fait foüiller au-dedans de l'herbage du Sr. Fouquet, il y auroit peut-être trouvé le fossé en question.

Le sieur de Prépont à la confrontation en fit convenir ce témoin : il répondit qu'il avoit effectivement dit à ces personnes, que peut-être M. Hennequin auroit trouvé ce fossé derriére cette haye, s'il y avoit fait foüiller.

Voilà donc un *peut-être* avoué de la part de Cardon, qui fait bien voir que la recherche de ce fossé dans l'ancien chemin du sieur de Prépont, étoit une recherche vaine & inutile. Il ne faut donc pas être surpris si le sieur Fouquet *fut accable par la décision de cet arbitre*, qui ne trouva ni masse ni fossé dans l'ancien chemin, quelque perquisition qu'il eût faite sur la requisition du sieur Fouquet : il n'est donc point étonnant que le sieur Fouquet foit tombé dans un fi grand nombre de contradictions. D'abord, s'il faut l'en croire, le premier alignement *étoit plus au Nord qu'au Midi* : aujourd'hui, par fon Mémoire imprimé, convenant de la plantation des arbres en 1735, il prétend qu'on *le força de laisser plus de fon terrein au Levant qu'au Couchant*. Ce n'est plus le Nord, ce n'est plus le Midi ; mais c'est le Levant & le Couchant.

Il a encore énoncé dans fa Requête du 27 Juillet 1761, " que " fa haye ne fut point plantée de pied, mais qu'elle fut plantée " lors de la confection de fon foffé dans la maffe, fuivant l'ufage, " & mife en épine fans autres arbres, *parcequ'on n'en fouffre point* " *fur les chemins*. Le changement d'alignement en 1735 le déter- " mina, dit-il, à reprendre fon fond, à planter des arbres dans le " creux de fon foffé, & à défendre cette plantation par une nou- " velle maffe. Tous ces faits, felon lui, doivent être dépofés. Mais fi ces faits font dépofés, ils le font donc fauffement, puifque vis-à-vis la partie de chemin du fieur de Prépont, qui a fait l'objet de la conteftation, le fieur Fouquet n'a jamais fait planter d'arbres dans fon foffé. Il convient qu'il n'y en a point fait planter, *parcequ'on n'en fouffre pas fur le chemin* : il n'a jamais dit plus vrai ; mais s'il a fait planter des arbres dans la partie de ce foffé, que ne dit-il hardiment à la Juftice & au Public par qui & dans quel tems il les a fait arracher ? Il feroit fort étonnant qu'il eût fait arra-cher des arbres en une place où quique ce foit n'en auroit jamais vû d'exiftans.

Telles font les contradictions du fieur Fouquet, pour appuyer une chicanne odieufe ; contradictions qui font le fruit du men-fonge & de l'impofture, & qui fe trouvent toujours dans ceux que la vérité ne conduit point.

Il réfulte de tout ce qui vient d'être dit, que l'information du fieur Fouquet eft non feulement contradictoire avec les faits qu'il a pofés dans fes écritures, ce qui fuffiroit pour la faire rejetter ; mais encore qu'elle eft contraire à l'Ordonnance qui ne permet pas de faire de preuve par témoins *contre & outre le contenu aux actes*, & que d'ailleurs elle n'eft point autorifée en la préfence du fieur de Prépont. Mais fans fe départir de ces moyens, le fieur de Pré-pont va reprendre la fuite des faits, & parler des deux Procès que le fieur Fouquet lui a fait faire par Vaudelles en 1761, par haine & par animofité de celui qu'il avoit perdu *à caufe de ce malheureux foffé*. Le premier de ces deux Procès a pour principe la réclama-tion de deux fillons de terre en la campagne de Formigny ; & l'au-tre, la partie de 20 livres de rente auffi réclamée fur lui par Vau-delles. Le fieur de Prépont, qui n'avoit point de preuves que le fieur Fouquet *eût infpiré & protégé* Vaudelles pour lui faire la demande de la rente de 20 livres, n'a eû garde de s'en plaindre à fes confreres ; auffi fa Supplique n'en contient-elle pas un feul mot. C'eft donc un fait qui réfulte de la Procédure Criminelle, & de l'interrogatoire qui eft d'autant moins indifférent pour le fieur de Prépont, que le fieur Fouquet a paru en triompher dans cette caufe, dont il n'a pas méconnu ni rougi d'être l'auteur & l'inftigateur.

Le fieur de Prépont en parlant de ces deux Procès, fera encore forcé par les circonftances de parler d'un troifiéme que Vaudelles avoit intenté dès l'année 1759, contre feu Michel Jaquelin fieur Duval fon Coufin germain, qui eft pendant en la Cour, entre le fils dudit fieur Jaquelin dont le fieur de Prépont eft nommé Curateur, & la fille mineure de feu François Jaquelin contre ledit Vaudelles, pour la réclamation de la piéce du Caney qu'ils poffédent en la Paroiffe de Formigny, qui avoit été venduë fans garantie à leur Auteur en 1725 par le fieur Fouquet trois mois après qu'il eut clamé les fonds. Juftice & le Public examineront fi on peut attribuer à tout autre qu'au fieur Fouquet l'injuftice de cette réclamation, comme on ne doit pas attribuer à tout autre qu'à lui l'injufte perfécution qu'il a fait effuyer au fieur de Prépont par Vaudelles, homme fi dévoüé à fes intérêts. Il faut commencer par le Procès des deux fillons de terre.

PROCES des deux fillons de terre en la campagne de Formigny, réclamés par Vaudelles contre le fieur Jaquelin de Prépont.

Vaudelles, aux ordres du fieur Fouquet, attaqua le fieur de Prépont, à peu près dans le tems que le fieur Fouquet l'avoit attaqué pour le foffé dont on vient de parler.

L'époque de l'action de Vaudelles eft du 17 Juillet 1761, un mois avant la Tranfaction fignée par le fieur Fouquet. Vaudelles fit fignifier au fieur de Prépont copie d'une Sentence renduë en Bailliage à Bayeux le 18 Juillet 1754; d'un Arrêt de la Cour du 9 Avril 1756 confirmatif de cette Sentence, & du contrat paffé devant les Notaires de Bayeux le 27 Novembre 1723; par lequel Henri-Loüis Yver avoit vendu à la mere & au frére du fieur de Prépont les fonds fitués à Formigny & à Agnerville, dont le détail eft au commencement de ce Mémoire, page 4, pour demeurer quitte de ce qu'il leur devoit, en terminant les deux premiers Procès dont il a été parlé; & enfin Vaudelles fit fignifier copie du contrat de clameur des fonds contenus audit contrat de 1723 que le fieur Fouquet avoit intentée devant le Notaire de Tréviéres le 20 Janvier 1725.

Vaudelles fit fignifier toutes ces piéces au fieur de Prépont, avec fommation d'abandonner deux fillons de terre contenans trois vergées, affis en la campagne de Formigny delle des Hautes-guéres, *fuivant*, dit-il, *qu'il eft envoyé en poffeffion des héritages de la fuc-*
ceffion

cession contumacée de Henri-Loüis Yver. On parlera dans la suite de ce Mémoire, de la fraude que Vaudelles & le sieur Fouquet ont faite, pour demander les deux sillons de terre de la Haute-guére, comme *dépendans de la succession contumacée de Henri-Loüis Yver.*

Le sieur de Prépont garda le silence sur cette action, ce qui obligea Vaudelles à présenter sa Requête à M. le Lieutenant Général du Bailliege de Bayeux le 22 Août suivant, qu'il fit signifier au sieur de Prépont, avec assignation à comparoir au premier jour plaidable d'après le jour St. Michel pour lors prochain, pour voir juger les conclusions de ladite Requête, qui étoient que le sieur de Prépont seroit tenu de déguerpir les deux sillons de terre situés en la Paroisse de Formigny, delle des Hautes-guéres, *comme faisant partie des fonds sujets à sa crédite, le tout avec répétition de joüissances.*

En défenses le sieur de Prépont signifia un écrit le 20 Octobre suivant, par lequel il dit à Vaudelles que » le contrat de 1723, qui » contenoit la vente des deux sillons de terre, delle des Hautes- » guéres, avoit été clamé par le sieur Aimé Fouquet Curé de Ve- » ret, & que la clameur en avoit été gagée par autre contrat du 20 » Janvier 1725, & que ledit Vaudelles qui avoit justifié ce con- » trat avoit bien dû comprendre, que le défendeur ne possédoit pas » ces héritages, & qu'aussi étoit-il vrai qu'il n'en possédoit pas en » la delle des Hautes-guéres ; mais que lui & ses Auteurs en possé- » doient seulement en la delle du Moulin-à-vent, par & depuis plus » de 40 ans.

Vaudelles fit une replique le 26 du même mois d'Octobre ; dans laquelle il prétendoit deux choses : la première que le sieur de Prépont ne possédoit point ces deux sillons par & depuis plus de 40 ans ; & la seconde qu'ils étoient situés en la delle des Hautes-guéres, & qu'il ne réclamoit rien en la delle du Moulin-à-vent. Car dit-il, *si le sieur de Prépont ne possède rien en la delle des Hautes-guéres, la réclamation du demandeur ne le touche pas.*

Et pour prouver que les buts & jouxtes étoient les mêmes que ceux employés dans le contrat de 1723, il s'explique encore ainsi : » Ce sont ces trois vergées de terre avec d'autres héritages qui ont » été achetés par M. Doutreval-Jaquelin en 1723. *On interpelle led.* » *sieur de Prépont de représenter le contrat qui en avoit été fait ;* & » l'on soutient que les mêmes buts & jouxtes qui ont été donnés dans » la sommation ci-devant datée, sont exactement les mêmes que ceux » employés dans ce contrat. *On interpelle ledit sieur de Prépont de* » *faire cette représentation sous huitaine, faute de quoi le demandeur* » *entend en faire la recherche & en justifier.*

On verra dans la suite de ce Mémoire, combien Vaudelles étoit de mauvaise foi de demander au sieur de Prépont la représentation du contrat de 1723, puisqu'il sera prouvé que le sieur Fouquet en est toujours demeuré saisi, depuis la clameur par lui faite en 1725,

D

& qu'il a remis ce titre à Vaudelles pour dépoüiller le fieur de Prépont & fa famille.

SECOND PROCÈS

Intenté au fieur de Prépont par Vaudelles, pour réclamer
les 20. liv. de renre à l'inftigation du fieur Fouquet.

Pendant l'inftruction du Procès des deux fillons de terre en
queftion, le fieur de Prépont fit faifir Vaudelles en vertu d'un débi-
tis pour être payé d'anciens fermages à lui dûs : Vaudelles oppofa
que le fieur de Prépont lui devoit 20 livres de rente dont il prétendoit compenfer les arrérages.

Le fieur de Prépont, en faifant faifir Vaudelles, demandoit une
chofe qui lui étoit légitimement dûe. Vaudelles avoit joüi de fes
fonds, & il devoit encore confidérablement en vertu de baux à
lui faits par la mere & le frere du fieur de Prépont; il étoit tems
qu'il fût payé : mais le fieur Fouquet fut encore le moteur de cette
oppofition.

Or le fieur Fouquet qui, page 3 de fon Mémoire, a dit qu'il
devoit à Vaudelles *à titre d'allié*, & à Prépont *à titre d'ami*, a-t-il
tenu la balance égale ? ou plutôt n'a-t-il pas cherché dans tous les
tems à vexer le fieur de Prépont, lors même qu'il prétend avoir
été fon plus grand ami ? En voici la preuve.

Dès l'année 1744 la mere du fieur de Prépont avoit fait affi-
gner Vaudelles, pour lui payer le fermage en queftion, par exploit de Sanreffus du 7 Février. Vaudelles fit une réponfe par le
même Huiffier le même jour, par laquelle il entendoit compenfer
les arrérages de la rente de 20 liv. contre les fermages demandés.
Cette action tomba en péremption dans les trois ans, par le dé-
faut de pourfuites. Mais le fieur Curé de Veret, qui a marqué tant
de zèle depuis quatre ans pour foutenir & appuyer Vaudelles contre le fieur de Prépont, méconnoîtra-t-il que dès 1744 il avoit
donné les mêmes fecours & les mêmes moyens à fon Parent, en
lui prêtant le contrat de 1723 comme une piéce qui lui étoit néceffaire, pour former la demande de cette rente ? Méconnoîtra-t-il
d'avoir prêté ce titre qui ne lui a jamais appartenu, dans un tems
cependant où il dit *qu'il avoit prévenu Prépont en toute occafion,*
par fon zèle & par fes fervices. * Le fieur de Prépont produira les
diligences de 1744.

* Page 2 de fon
Mémoire.

Le fieur Fouquet, qui depuis long-tems eft porteur de procuration de Vaudelles, *qui l'a toujours protégé, foutenu, infpiré,*
a-t-il jamais fait cette diftinction entre la qualité de *parent* & celle
d'ami qu'il fait tant valoir : nous ne difons pas, par rapport à une
procédure qui feroit jufte & équitable ; mais par rapport à celle
même qui étoit la plus deftituée de toute juftice, comme la Cour

l'a fait voir par son Arrêt du 17 Août dernier.

Ainsi, pour juger équitablement si l'on doit statuer sur l'amitié du sieur Fouquet & sur les sentimens d'équité qui l'animent, nous allons donner l'explication d'un fait qui va faire connoître jusqu'à quel point le sieur de Prépont & sa famille ont pû s'en assûrer.

Vaudelles étant allé chez Mademoiselle de Benouville en 1761 demander sa protection contre le sieur de Prépont, l'en refusa ; mais elle lui dit qu'elle parleroit M. d'Ecrameville, pour terminer les deux procès qu'il avoit avec le sieur de Prépont. A peine cette Demoiselle en eut elle parlé à M. d'Ecrameville qu'il promit de les arranger. Elle fit venir le sieur de Prépont chez elle, qui signa une compromission avec Vaudelles, pour acquiescer au jugement de ce Seigneur. Cette compromission sera représentée ; elle porte date du 27 Décembre 1761. Les Parties retirérent leurs piéces des mains de leurs Procureurs, & les portérent chez M. d'Ecrameville : il les examina pendant plus de trois semaines ou un mois, après quoi il les fit avertir par le sieur le Fêvre son maître d'Hotel au Marché de Tréviéres, afin qu'elles eussent à se rendre chez lui le Dimanche suivant, sur les deux heures d'après Midi ; ce qui fut exécuté. M. d'Ecrameville leur expliqua les connoissances qu'il avoit acquises par l'examen des piéces. il condamna Vaudelles sur la demande qu'il avoit faite au sieur de Prépont de la rente de 20 livres, en disant que le sieur de Prépont avoit rempli son contrat par le payement de dettes privilégiées. Sur le second Procès M. d'Ecrameville ne lui fut pas plus favorable ensorte que le sieur de Prépont qui croyoit gagner sa tranquillité & son repos par la médiation de M. d'Ecrameville, consentit sur le champ de faire remise à Vaudelles de tout ce qu'il lui devoit pour son fermage, avec les frais de saisie. M. d'Ecrameville en marqua sa joye & son contentement au sieur de Prépont. Mais Vaudelles ne voulut point accepter cette offre, quoiqu'il eût signé cette compromission : il dit qu'il falloit qu'il vît une personne pour lui en conférer. Il demanda au sieur de Prépont une surséance de huit jours, qu'il lui accorda ; mais il attendit cette huitaine inutilement ; il ne le revit plus. Le sieur Fouquet avoit détourné cet accommodement, *parcequ'il s'étoit rangé du parti de Vaudelles.* *

Ce fut donc une nécessité au sieur de Prépont de continuer ses procédures contre Vaudelles. Il lui revenoit de toutes parts que Vaudelles n'avoit aucun droit de le déposséder des deux sillons de la delle du moulin-à-vent ; que sa possession étoit plus que quadragénaire, & qu'il en feroit la preuve par les plus anciens de la Paroisse, qui les avoient labourés pour ses auteurs.

Mais le sieur Fouquet qui étoit animé contre le sieur de Prépont, à cause *de ce malheureux fossé,* remuoit de toutes parts, & disoit que si les Témoins étoient assés hardis de rapporter ce fait,

* Voir la page 3 de son mémoire, où il avoue qu'il s'étoit rangé du parti de Vaudelles.

il les feroit pendre. Telle étoit sa conduite pour appuyer Vaudelles & nuire au sieur de Prépont : l'on ne parle point des démarches qu'il faisoit chez différentes personnes pour trouver des titres & des papiers, afin de les assortir au dessein qu'il a toujours eû de dépoüiller le sieur de Prépont de ses héritages.

Ces circonstances seules suffiroient pour établir le concert d'entre le sieur Fouquet & Vaudelles, à l'effet de dépoüiller le sieur de Prépont, qui ayant connu leurs démarches & leurs secrettes pratiques, en porta ses plaintes *à un ami commun*. Ce fut au sieur Denise, Vicaire de Formigny, qu'il se plaignit des tracasseries du sieur Fouquet, & le sieur Denise voulut bien se charger de lui faire des représentations ; mais loin de l'écouter, il lui dit qu'il feroit pendre les Témoins, s'ils étoient assés hardis de rapporter que les sillons en question appartenoient au sieur de Prépont par une possession plus que quadragénaire, & qu'il avoit piéce en main pour cela.

Le sieur Denise, non content des démarches qu'il avoit faites, se chargea encore d'avertir le sieur de Prépont pour se trouver à la Sacristie de Formigny, afin de prendre du sieur Fouquet la communication des piéces qu'il avoit promis de montrer, par lesquelles il prétendoit que les sillons de la Haute-guére avoient dû repasser, après la clameur, à sa mere & à son frére. Mais le sieur Fouquet étant venu à la Sacristie au jour marqué, bien loin d'agir de bonne foi, ne montra que des piéces écrites sans aucunes signatures, & qui n'avoient point de trait à la question. Le sieur Denise & le sieur de Prépont ne purent rien comprendre au sens de ces piéces, ni deviner ce qu'elles vouloient dire, en sorte que le sieur de Prépont n'en fut pas plus instruit qu'il ne l'avoit été à l'âge de *dix ans*, lorsque le sieur Fouquet fit cette clameur.

Mais d'ailleurs le sieur Fouquet n'a-t-il pas avoüé au sieur Vaultier d'Ecrameville, qu'il n'avoit montré que des copies dans la Sacristie de Formigny : il étoit donc bien le maître en ce cas de montrer ce qu'il voudroit pour en imposer & faire illusion.

De tout ceci le sieur de Prépont en tirera trois conséquences : la premiére, qu'il a marqué plusieurs fois son mécontentement des démarches du sieur Fouquet, pour menacer & intimider les témoins du sieur de Prépont ; de même qu'il a marqué son mécontentement de la recherche de papiers qu'il faisoit pour Vaudelles ; la seconde, que dans tous les tems le sieur de Prépont s'est prêté à tous les arrangemens les plus convenables, & qu'il n'a pas tenu à lui qu'ils ne se soient faits ; & la troisiéme, que le sieur Fouquet s'y est toujours opposé, & qu'il n'a cherché qu'à troubler le sieur de Prépont & sa famille, après en avoir pénétré le secret, & profité des papiers de sa maison, pour aider Vaudelles à les dépoüiller. C'est ce qui va être établi dans la suite de ce Mémoire.

Mais

Mais, avant tout, il eſt néceſſaire de parler de la plainte que le ſieur Fouquet a donnée au ſecret de Juſtice contre le ſieur de Prépont le 9 Mai 1763, & de ce qui y a donné lieu.

Il ſe fit un repas chez le ſieur Curé de Mandeville, tel qu'on en fait aux Inhumations & aux Calendes, c'eſt-à-dire, qu'il s'y trouva bonne chére & beaucoup de Prêtres, & entr'autres le ſieur de Parfouru, & le ſieur Fouquet Curé de Veret.

D'abord les choſes ſe paſſérent aſſés décemment juſqu'à l'entre-mets, où l'on fit venir le vin. L'on agita quelques cas de conſcience comme il eſt d'uſage : le ſieur Fouquet ſe trouva contredit par le ſieur de Parfouru ſur quelque paſſage de Sanchez, & ils en vinrent aux invectives.

Le ſieur Fouquet, qui peut-être n'eut pas tout l'avantage ſur la queſtion de Droit, s'imagina de ſe venger en vertu du paſſage de St. Jean Chriſoſtôme par lui cité, en agitant une queſtion de fait; pourquoi il préſenta une complainte à M. le Préfet de la Confé-rence de Formigny contre ledit ſieur de Parfouru qui avoit dû le traiter de coquin.

Le ſieur de Prépont ignoroit tout cela, il n'étoit point au repas des Prêtres, & s'il y eût été, il proteſte qu'il eût cherché à mettre la paix entre ces Eccléſiaſtiques, & à prévenir le ſcandale inſépa-rable d'une diſpute dont l'indécence avoit troublé l'ordre d'un ſi ſaint agape.

Mais le ſieur Fouquet n'eut pas plutôt déféré ſon confrere aux gens tenans les Conférences Eccléſiaſtiques rurales, que le bruit s'en répandit dans tout le canton. Alors chacun prit parti pour ou contre, en attendant qu'il eût le loiſir de s'informer qui avoit raiſon ou tort.

Le ſieur de Prépont ſouhaitoit que ce fût le ſieur Fouquet qui eût raiſon, & que content du tribunal qu'il s'étoit choiſi, il voulût bien y ſoumettre toutes autres conteſtations qu'il pouvoit avoir, & ſurtout celles qui l'intéreſſoient.

Il apprit donc que le ſieur Fouquet avoit obtenu un ordre de M. le Préfet pour citer le ſieur de Parfouru, & qu'il l'avoit en effet cité à ce tribunal : cela fit naitre audit ſieur de Prépont l'idée de pren-dre vis-à-vis du ſieur Fouquet contre lequel il avoit des ſujets de plaintes aſſés graves, la voie que ledit ſieur Fouquet avoit priſe vis-à-vis du ſieur de Parfouru. Il comptoit par là ſe faire rendre juſtice ſans frais, ou ſe procurer la paix avec Vaudelles inſtigué par le ſieur Fouquet; paix après laquelle il ſoupire depuis long-tems.

Il ſe munit à ſon tour d'un paſſage de St. Grégoire de Nazianze (car chacun a ſa dévotion) & préſenta ſa Supplique à la Confé-rence de Formigny le 8 Fevrier 1763, dans laquelle il fit un dé-tail ſommaire des griefs qu'il avoit contre le ſieur Curé de Veret,

E

& lui demanda qu'elle voulût bien l'engager à lui faire justice sur chacun de ses griefs. Voici comme il commence sa Supplique.

» A Messieurs de l'assemblée Ecclésiastique tenans leur Confé-
» rences à Formigny. Supplie humblement Jean-François Jaque-
» lin sieur de Prépont, & vous remontre que la voix publique lui
» a appris, que le sieur Aimé Fouquet, Prêtre, Curé de Veret
» vous a présenté une Requête en forme de plainte contre M.
» l'Abbé du St. Paul, Prêtre, Obitier d'Ecrameville, à l'occasion
» d'une querelle qui s'est élevée entre ces deux Ecclésiastiques.
» Jusqu'ici, Messieurs, le Suppliant avoit ignoré les prérogatives
» de votre tribunal ; & il ignoroit encore où il pourroit porter ses
» justes plaintes. Mais étant instruit de votre compétence, & sça-
» chant que vous êtes les juges nés du point d'honneur entre les
» Ecclésiastiques, il ne balance point, quoique Laïque, à déférer
» à votre jugement & à vos lumieres supérieures, *les mauvais pro-*
» *cedés, & toutes les pratiques sourdes que le sieur Aimé Fouquet*
» *a mis en usage contre le Suppliant.*

Ensuite le sieur de Prépont entre dans le détail des faits & cir-constances qui avoient donné matiére au Procès que le sieur Fou-quet lui fit en 1761, par rapport au fossé dont il a été parlé. Il fait connoitre par cette Supplique, comment le sieur Fouquet par l'usurpation d'un pied de terre, après ce Procès terminé, vouloit rendre vaine & inutile une Transaction qui y avoit mis fin. Il falloit donc qu'il fît connoitre, non seulement l'injustice de ce procedé, mais encore toutes les circonstances de ce Procès ; qu'il parlât de l'accession de lieu ordonnée par M. l'Intendant, & exécutée par le Sous-ingénieur qui avoit condamné le sieur Fouquet ; il falloit donc par conséquent retracer toutes les intrigues du sieur Fouquet pour faire parler des témoins qui n'avoient aucun droit ni qualité de parler, & qui avoient été mandés par le sieur Fouquet, pour tâcher de surprendre la religion de ce Sous-ingénieur, qui seul avoit le droit de faire un examen convenable, & d'en dresser son Procès verbal.

C'étoit donc contre toute forme judiciaire, que le sieur Fouquet faisoit venir cette troupe de gens qui n'étoient point assignés, pour leur faire faire des dépositions contraires aux opérations du Sous-ingénieur, & contraires au Procès verbal d'accession de lieu qu'il avoit demandé lui même : par conséquent le sieur Fouquet qui n'a pu méconnoitre l'usurpation du pied de terre, après Transaction faite, n'a pu trouver mauvais que le sieur de Prépont se soit plaint de ce nombreux cortége que le sieur Fouquet avoit amené, pour en imposer & faire prendre le change au Sous-ingénieur.

Mais il faut revenir à cette Supplique, & faire voir que la prin-cipale accusation du sieur de Prépont n'est dirigée que pour prouver contre le sieur Fouquet, qu'il avoit mis tout en usage pour appuyer

Vaudelles dans la réclamation des deux fillons de terre qui appartiennent au Sr. de Prépont en la delle du Moulin-à-vent, par récrimination d'avoir fuccombé devant l'Ingénieur des ponts & chauffées : auffi le fieur de Prépont continue-t-il fa Supplique en ces termes.

» Le Suppliant protefte qu'il n'a aucune mauvaife intention, il
» ne fait qu'expofer les faits tels qu'ils font, & qui réfultent de tou-
» tes les démarches qu'a faites le fieur Fouquet pour tâcher *d'ufur-*
» *per un foffé* * fur le terrein du Suppliant : à quoi il n'a pas reüffi ;
» & parceque le Suppliant a ufé d'une légitime défenfe pour mettre
» le fieur Fouquet à la raifon, *il faut qu'il foit néceffairement l'objet*
» *de fa haine, & qu'il effuye tous les Procès que ce vertueux Eccle-*
» *fiaftique lui voudra fufciter.*

* Il ne faut pas confondre ici le foffé avec le pied de terre que le Sr. Fouquet a ufurpé après la Tranfaction.

Il n'eft donc pas vrai que l'accufation du fieur de Prépont *porte fur trois faits principaux,* comme l'ofe avancer le fieur Fouquet, page 14 de fon Mémoire ; elle ne porte que fur deux faits, dont l'un eft l'acceffoire de l'autre, pour faire connnoître jufqu'à quel dégré la haine de cet Eccléfiaftique peut monter, quand quelqu'un lui déplait : & fi le fieur Fouquet n'eût pas excité Vaudelles à faire deux nouveaux Procès au fieur de Prépont, il protefte, comme il l'a déja dit, qu'il n'eût point porté de plainte aux Confreres du fieur Fouquet, pour l'ufurpation du pied de terre . & qu'il le lui auroit plutôt abandonné, que d'être réduit à la trifte néceffité de plaider éternellement avec lui.

Le fieur de Prépont avoit bien d'autres plaintes à faire contre le fieur Fouquet, celui-ci ne lui en a donné que trop de motifs ; mais comme il cherchoit la paix, il ne fe plaignoit que du feul Procès que Vaudelles lui faifoit pour réclamer les deux fillons de terre en la campagne de Formigny, dont il avoit une preuve démonftrative que le fieur Fouquet, étoit l'inftigateur.

Ainfi, fi la Juftice confidére ce que le fieur de Prépont a pu dire dans cette Supplique contre le fieur Fouquet, & qu'elle confidére en même tems tous les torts que le fieur Fouquet lui a faits, dout la preuve eft conftante & par l'interrogatoire, & par les piéces juftificatives du fieur de Prépont, elle verra quelle a été la témérité du fieur Fouquet, d'avoir ofé hazarder une plainte contre lui.

Mais il faut revenir aux circonftances qui ont fuivi la plainte que le fieur Fouquet a donnée contre le fieur de Prépont au fecret de Juftice le 9 Mai 1763.

Ayant fçu que le fieur Fouquet avoit donné cette plainte contre lui, il alla fe confulter. Son Confeil lui dit qu'il feroit à propos de faire la recherche des piéces qui établiffoient la querelle du fieur de Parfouru & du fieur Fouquet ; parceque le fieur de Prépont ayant parlé de ce démêlé dans fa Supplique, il étoit intéreffant pour lui de conftater un fait auffi effentiel, & que d'ailleurs plufieurs Témoins qui avoient été entendus dans l'information, à qui on avoit donné lecture de la plainte, avoient dit au fieur de Prépont que le fieur Fouquet n'avoit point parlé de cette difpute avec M. de Parfouru ; ce qui faifoit préfumer qu'il avoit deffein d'enfévelir ce fait dans l'oubli, ou de le faire paffer pour une calomnie.

Il n'en fallut pas davantage au fieur de Prépont : il intéreffa une perfonne de confiance, qui prît un quarré de papier marqué, & alla fur le champ chez M. le Curé de Louviéres, fous prétexte de faire délivrer un extrait mortuaire ou baptiftaire. Ils eûrent une longue converfation, que l'on fit tomber fur le Procès que le fieur Fouquet avoit intenté contre le fieur de Prépont. Enfuite on parla du Procès de M. de Parfouru & de M. le Curé de Veret. L'on demanda en quel état il étoit : l'on répondit qu'il étoit terminé dans un repas où ils s'étoient trouvés chez M. l'Abbé de Colleville ; mais que les piéces du Procès étoient encore entre les mains des Juges de ce différent. (c'étoit M. l'Abbé de Colleville & M. l'Abbé de Strozzi.) L'on fe retira, & quelques jours après M. Mabire renvoya le quarré de papier marqué dans une Lettre, & dit que quelques recherches qu'il eût pû faire, il n'avoit rien trouvé. Ainfi, pour tirer d'embarras le fieur Fouquet, qui fait une apoftrophe à la page 13, pour fçavoir *qui avoit dit à Prépont que cette réponfe* (de M. de Parfouru) *étoit aux mains de M. le Curé de Formigny.* On va lui répondre que c'étoit M. Mabire qui l'avoit dit à cette perfonne de confiance.

Ainfi le fieur de Prépont fe retira chez M. l'Abbé de Strozzi, qui lui remît cet écrit, non fans beaucoup de difficultés, mais dès qu'il eut appris les motifs intéreffans de cette recherche, & que cette piéce étoit néceffaire pour rendre témoignage à la vérité, il n'en fallut pas davantage pour le déterminer. Ce digne Curé, dont la probité égale la naiffance, qui ne peut fouffrir le menfonge & l'impofture, remît cette réponfe aux mains du fieur de Prépont, qui lui en donna fon récépiffé ; c'étoit le 21 Mai 1763, veille Pentecôte, à cinq heures du matin. Il eft donc très-faux que le fieur de Parfouru *ait donné pouvoir au fieur de Prépont de la prendre des mains du fieur de Strozzi, à promeffe d'en donner bon & valable récépiffé,* puifque le fieur de Parfouru étoit abfent depuis long-tems, & qu'il ne revint que le même jour à plus de huit heures du foir. Le fieur de Prépont a offert d'en faire la preuve, & il la réitére.

Mais le fieur Fouquet peut-il l'ignorer ? Non affûrément, puifqu'il alla dès l'après-midi du même jour chez M. de Strozzi pour retirer cette piéce, & empêcher par ce moyen que le fieur de Prépont ne put parvenir à faire cette preuve. Le fieur Fouquet la demanda avec l'inftance la plus vive ; mais ledit fieur de Strozzi lui dit qu'il l'avoit remife à Prépont. Le fieur Fouquet devroit s'en fouvenir, ainfi que des démarches qu'il fit auprès de l'un de fes

Confréres

Confréres, qui en écrivit à M. de Strozzi, pour l'engager à la retirer du fieur de Prépont ; & ce fut pour éviter toutes ces importunités, qu'il fe détermina à en faire le dépôt lors de fon interrogatoire. Voilà le fondement du complot chimérique que le fieur Fouquet n'a imaginé après coup, que dans le défefpoir où il s'eft vû de n'avoir pû retirer des piéces qui fervent à établir une preuve qu'il avoit envie d'anéantir. Mais croit-il que M. l'Abbé de Strozzi ait violé le fecret, en prêtant au fieur de Prépont une piéce qui lui étoit néceffaire pour établir une preuve fi effentielle ; tandis que le fieur Fouquet ne craint pas de le violer dans des matiéres bien plus graves, fans s'embarraffer du préjudice qu'il peut caufer à une famille, comme on le fera voir dans la fuite de ce Mémoire.

L'on a dit ci-devant que le fieur Fouquet a fait des torts confidérables au fieur de Prépont : c'eft le fieur Fouquet lui-même qui en va fournir la preuve, & la Juftice va voir en quoi ils confiftent. Pour cet effet, le fieur de Prépont va tranfcrire de mémoire quelques-uns des interrogats qui lui ont été faits par le fieur Fouquet, lors de fon interrogatoire des 27 & 28 Juin 1763, avec les réponfes que ledit fieur de Prépont y a faites, à l'appui defquelles il a produit des piéces juftificatives qui ne laiffent rien à defirer.

PREMIER INTERROGAT.

A lui demandé » s'il ne poffède pas deux fillons de terre en la » campagne de Formigny, en la delle de la Haute-guére, en con- » féquencé du contrat de 1723 ;

A dit *que non, puifque le fieur Fouquet les a clamés par un autre contrat de l'année 1725.*

SECOND INTERROGAT.

A lui demandé » fi le fieur Fouquet ne les a pas clamés par » complaifance pour lui & pour lui faire plaifir ;

A dit *qu'il eft extraordinaire qu'il lui faffe faire un pareil interrogat, attendu que lui qui répond n'étoit âgé que de dix ans, lorfque le fieur Fouquet fit cette clameur en 1725 ; ce qu'il offre de faire demeurer conftant par fon extrait baptiftaire, & qu'il n'eft pas naturel qu'un Enfant de dix ans ait concerté & médité de faire une fraude avec un Eccléfiaftique tel que le fieur Fouquet qui étoit âgé de 27 ou 28 ans pour lors.*

TROISIE'ME INTERROGAT.

A lui demandé » fi lefdits deux fillons ne font pas en la delle » des Guéres ;

A dit *que non, & qu'ils font fitués en la delle du Moulin-à-vent.*

F

QUATRIE'ME INTERROGAT.

A lui demandé » fi la delle des Guéres ou du Moulin-à-vent ne » font pas *unum & idem* ;

A dit *que non, & que ces deux delles font diftinctes & féparées & qu'elles ne font point* unum & idem.

CINQUIE'ME INTERROGAT.

A lui demandé » s'il ne poffède pas ces deux fillons pour fe ré- » compenfer des quatre boiffeaux de froment qu'il paye à M. d'E- » crameville, au lieu & place de Henri-Louis Yver ; *

A dit *que non, & qu'il efpére bien en obtenir fa récompenfe fur les biens de Henri-Louis Yver ; & qu'il s'y réferve.*

SIXIE'ME INTERROGAT.

A lui demandé » s'il a cru que le fieur Fouquet foutienne Vau- » delles, ou qu'il lui prête fecours ; pour le faire réuffir dans le » Procès qu'il a fait à lui qui répond, pour la réclamation des 20. » liv. de rente qu'il lui demande ; comme il croit qu'il le foutient » ou qu'il le protége dans la réclamation des deux fillons de terre » dont il eft ci-devant parlé ;

A dit *qu'il ne le difculpe pas plus fur l'un que fur l'autre.*

Voilà à peu près les interrogats & les réponfes ; s'il y a quel- ques termes qui foient changés, ils ne préfentent affûrément pas un autre fens.

Pour juftifier la réponfe au premier interrogat, le fieur de Pré- pont a produit le contrat de retrait que fit le fieur Fouquet, en l'an- née 1725 ; il a encore produit le contrat de vente qu'il fit près de 4 mois après ; de la piéce du Caney à feu Michel Jaquelin, Oncle du fieur de Prépont. Or comme il a été remarqué ci-devant ; la piéce du Caney faifoit partie des fonds vendus en 1723 à la mere & au frere du fieur de Prépont. Ainfi il eft donc conftant que les deux fillons que poffède le fieur de Prépont en la delle du Moulin- à-vent, ne font point ceux dont il eft parlé dans le contrat de 1723, qui font en la Haute-guere ; & que ceux qui font en la delle du Moulin-à-vent appartiennent au fieur de Prépont, comme étant dé-

---

* L'on a vù page 3, & 4 du préfent Mémoire, la Sentence de 1718, qui condamne Henri-Louis Hyver à décharger Thomas Jaquelin, Pere du fieur de Prépont, des quatre boiffeaux de froment dûs à M. M. de la Bretonniére & d'Ecrameville. L'on a vù auffi que par le contrat du 27 Novem- bre 1723 Henri-Louis Hyver en eft encore demeuré chargé ; & il eft prouvé par les piéces du Pro- cès qu'il a payé cette rente jufqu'en 1730. Cependant le fieur Fouquet vient fuppofer ici, contre toute vérité, que le fieur de Prépont eft demeuré chargé de cette rente, & qu'il poffède les fillons de la Haute-guere à cet effet ; & Vaudelles par fes conclufions s'eft réfervé à faire compter le fieur de Prépont des années de joüiffance. Quelle contradiction, & en même tems quelle injuftice !

signés dans le contrat du 31 Juillet 1696, qui est le titre qu'il a recouvré parmi ses papiers, & lequel est produit au secret de Justice.

Le sieur de Prépont a démontré par des titres que le sieur Fouquet n'a pu contredire, la différence de ces deux delles, & que par conséquent elles ne sont point *unum & idem*. Il a produit au secret de Justice deux contrats, dont l'un est de l'année 1542, & l'autre de l'année 1544, qui en font une distinction très-claire. Item neuf vergées *en la delle du Moulin-à-vent ; item vergée & demie en la delle de la Haute-guéré*.

Mais le sieur Fouquet que rien n'embarasse, va chercher le contrat de 1720 fait par M. de Canivet, Ecuyer, Seigneur du Moley, à Jean Heulin, dans lequel il est fait mention d'une vergée & demie de terre scise en la Paroisse de Formigny, *delle du Moulin-à-vent ou guéres*, pour en conclure que ce n'est qu'une seule & même chose, & il prétend *que cette dénomination est frapante, étant reçuë par le frere même* (le sieur Doutreval Notaire) *de celui qui la conteste aujourd'hui.*

Comme si un Notaire qui reçoit un contrat, étoit réputé avoir plus de lumiéres & de connoissances, que des contractans qui tombent très-souvent dans l'erreur sur des dénominations de delles ; & qui les confondent ordinairement.

Mais il y a plus, c'est qu'il est fort indifférent pour le sieur de Prépont que ces héritages soient assis dans une delle ou dans l'autre, par rapport aux soutiens de Vaudelles & du sieur Curé de Veret qui veulent l'en dépouiller, puisque le sieur de Prépont va démontrer à la Justice & au Public ; que Vaudelles n'a aucun droit ni qualité dans la réclamation de ces héritages, quand bien même il y auroit lieu de croire qu'ils seroient les mêmes que ceux qui furent vendus par ledit contrat de 1723, comme il sera facile d'en juger.

Henri-Loüis Yver mourut en 1738. Sa succession fut abandonnée. Jean Câtel qui avoit épousé sa sœur fit contumacer ses héritiers, à l'effet d'obtenir l'envoi en possession de ses héritages, pour être payé d'une rente dotale à lui duë.

Tandis que Câtel poursuivoit cette contumace, le sieur Fouquet présenta sa Requête pour avoir sa récompense de quatre boisseaux de froment & 36 sols de rente fonciére & Seigneuriale, jugée sur Henri-Louis Yver par la Sentence de 1718, dont il a été parlé au commencement de ce Mémoire. L'on a vû aussi que cette Sentence prononce un recours de quatre boisseaux de froment au profit de Thomas Jaquelin, sur ledit Henri-Louis Yver. Voici le prononcé de la Sentence interlocutoire qui fut renduë au bénéfice du sieur Curé de Veret, sur son intervention de l'onze Octobre 1738 : » NOUS AVONS le sieur Fouquet, Prêtre, reçû Partie » intervenante ; & en conséquence, les Parties se communique- » ront, & ensuite les Piéces seront mises aux mains des Gens du » Roi, dont acte.

Et voici la Sentence de contumace renduë le 20 Mars 1739 au profit de Jean Câtel : » NOUS AVONS les diligences faites, à » l'effet de la contumace, jugées bien faites; ce faisant, lesdits hé- » ritiers dudit Henri-Louis Yver, tant en général qu'en particulier, » déclarés contumacés, & ledit Câtel envoyé en possession par pro- » vision de la moitié des maisons & héritages dont a ci-devant joüi » Jean Loison, dépendans de la succession dudit feu Robert Yver, » *situés aux Paroisses de Câtilly, Maitry & St. Marcouf, se con-* » *sistant en une chambre, du nombre des maisons de Jean Loison,* » *sçise en la Paroisse de Câtilly, &c......*
» Et faisant droit sur la Requête d'intervention du sieur Aimé » Fouquet, Prêtre, du 25 Août dernier, Nous l'avons reçû Par- » tie intervenante, & déclaré la contumace entre lui & led. Câtel » commune, & ordonné que la succession dudit Yver sera tenuë » de le décharger des poursuites contre lui faites par le Seigneur » d'Ecrameville, avec intérêts & dépens.

Après cette Sentence de contumace obtenuë par Jean Câtel, & renduë commune au sieur Fouquet pour sa récompense, Vaudelles a prétendu contre Jean Câtel, que les biens de cette contumace devoient lui appartenir, parcequ'il lui étoit dû des sommes con- sidérables sur la succession de Henri-Louis Yver, & que Jean Câtel ne devoit pas retenir ces biens, attendu qu'il avoit été payé de la légitime de sa femme sur d'autres fonds.

Il y eut Sentence entr'eux en Vicomté à Bayeux, au mois de Mars 1749, dont il y eut appel en Bailliage. Câtel étant mort, cet appel fut relevé par Bernard Câtel, Tuteur du Mineur héri- tier de Jean Câtel : Vaudelles appella aussi de son chef. Tout cela paroît par les qualités de la Sentence renduë en Bailliage à Bayeux le 18 Juillet 1754. C'est dans cette derniére Sentence où le sieur Fouquet & Vaudelles ont donné des preuves de ce qu'ils sçavoient faire, pour en imposer à la Justice, & pour avoir le prétexte d'at- taquer successivement une famille, pour la dépoüiller d'un bien qui lui appartient légitimement. Il est nécessaire d'en lire le vû de piéces, pour être convaincu de cette vérité; mais il faut avant tout en lire les qualités.

» Et ledit Charles Vaudelles ayant épousé Valentinne Yver, » fille & héritiére de Thomas Yver, fils Robert intimé, anticipant » de son chef, appellant de ladite Sentence du 28 Mars 1749, » a, par sa Requête à Nous présentée le 6 de ce mois, demandé » qu'au préalable il soit fait droit sur la Requête par lui présentée » au Siége de la Vicomté de ce lieu, *le 25 Janvier 1740,* pour » assigner ledit feu Jean Câtel, par laquelle il a conclu que la con- » tumace des héritiers de Henri-Louis Yver, que led. Câtel a pour- » suivie audit Siége de la Vicomté, soit déclarée commune, & qu'il » soit tenu d'en rapporter les diligences, ou que ledit Vaudelles
» seroit

„ feroit lui-même autorifé de contumacer de nouveau lefdits héri-
„ tiers, *ledit Vaudelles n'ayant point connoiffance qu'il ait été ftatué*
„ *fur cette demande ; & au furplus ledit Vaudelles a perfifté aux con-*
„ *clufions prifes fur lefdits appels. &c.* . . . . .

L'on voit ici un intervalle de 14 ans entre la Requête préfentée
au Vicomte de Bayeux par Vaudelles, pour obtenir l'effet de la contumace jugée au profit de Jean Câtel, & la Sentence de 1754 qui
en a jugé l'effet. En voici le prononcé :

„ NOUS AVONS, de l'avis de l'affiftance, en ce qui touche
„ l'appel de Bernard Câtel, tuteur, dit & jugé à tort fon appel ; &
„ ayant égard à la Requête dudit Vaudelles *du 25 Janvier 1740,*
„ enfemble celle du 6 Juillet 1754 au regard de la contumace des
„ héritiers de feu Henri-Loüis Yver jugée bien & dûement faite
„ par la Sentence de Vicomté *du 11 Octobre 1738,* fur la pourfuite
„ & diligence *dudit Jean Câtel, nous avons icelle contumace déclarée*
„ *commune avec ledit Vaudelles,* & pour le bénéfice d'icelle, faifant
„ droit fur l'appel dudit Vaudelles, nous avons adjugé condamna-
„ tion audit Vaudelles de la fomme de 5757 livres 8 fols 4 den. aux
„ obéiffances par lui de déduire, en outre les 1211 livres 15 fols
„ 5 den. par lui déduits, tout ce qui fera juftifié avoir été payé à
„ l'acquit de Thomas Yver, fils Robert, pere de la femme de Vau-
„ delles, *à avoir & prendre fur la fucceffion contumacée dudit Henri-*
„ *Loüis Yver,* & faute de payement de ladite fomme, nous avons
„ icelui Vaudelles *envoyé en poffeffion des biens de ladite fucceffion à*
„ *dûe eftimation.* Et au regard du cautionnement de Me. Aimé Fou-
„ quet, par lui fait fuivant fon brevet du 28 Octobre 1734, nous
„ avons icelui fieur Fouquet déchargé de fondit cautionnement . . . .
„ le rapport taxé à 120 livres, *laquelle fomme à été payée par ledit*
„ *fieur Fouquet, Prêtre, Curé de Veret, pour & au nom dudit Vau-*
„ *delles,* ainfi que celle de 40 livres 10 fols pour les conclufions du
„ Procureur du Roi. . . . . . .

Le fieur de Prépont s'eft cru obligé de donner la meilleure partie du prononcé de cette Sentence, pour faire connoître la manœu-
vre du fieur Fouquet. L'on voit que c'eft lui qui paye tous les frais
de cette Sentence, *pour & au nom de Vaudelles :* il étoit fon porteur
de procuration dès l'année 1734 : la piéce eft au Procès. Il fe fait
décharger par cette Sentence d'un brevet de cautionnement qu'il
avoit fait pour lui.

Mais ce qui acheve ce tableau ; c'eft l'adreffe inimitable qu'ils ont
euë Vaudelles & lui, pour furprendre Juftice, & obtenir une
feconde fois, ce que Vaudelles avoit déja obtenu. Il faut ici s'expliquer.

L'on vient de remarquer que Vaudelles avoit préfenté une Requête au Vicomte de Bayeux, *le 25 Janvier 1740,* pour faire juger
la contumace commune avec Jean Câtel, & l'on a vu que la Sen-

tence de 1754 fait droit sur cette Requête, plus de 14 ans après, *n'ayant point connoissance*, dit Vaudelles, *qu'il ait été statué sur cette demande.*

C'est pourtant un fait très-véritable, que les fonds mentionnés dans la Sentence de contumace du 20 Mars 1739, situés à Câtilly, Maîtry & St. Marcoulf, dont Jean Câtel avoit été envoyé en possession par cette Sentence, étoient en la main de Vaudelles & du Curé de Veret, dès avant 1742, & que Câtel mort en 1749 ne les possédoit plus depuis longtems, puisque ses héritiers n'ont point trouvé ces héritages dans le suppôt de sa succession.

Pourquoi donc, dira-t-on, Vaudelles demandoit-il en 1754 un bien qu'il possédoit dès 1742 ? Il est aisé de satisfaire à cette objection; c'est que Vaudelles, qui faisoit monter fort haut les créances qu'il prétendoit sur la succession de Henri-Louis Yver, ne vouloit pas se contenter aux seuls objets situés à Câtilly, Maîtry & St. Marcouf : il avoit des vûes & des prétentions plus grandes. Le Curé de Veret & lui voyoient Jean Câtel mort, qui ne pouvoit plus leur faire obstacle; ils voyoient un Mineur sous la puissance d'un Tuteur qui étoit éloigné, & qui ne connoissoit rien des affaires qui s'étoient passées. Ils profitèrent donc de la circonstance; & pour donner plus de jour à leur entreprise, ils supposèrent que la Sentence du 11 Octobre 1738, que le Curé de Veret avoit obtenuë *pour intervenir en la contumace*, étoit la coutumace même : ils firent donc prononcer, comme on l'a vû, *que la Sentence du 11 Octobre 1738 seroit déclarée commune*, au lieu de faire prononcer que c'étoit celle du 20 Mars 1739 qui renfermoit le détail des fonds *situés à Câtilly, Maîtry & Saint Marcouf.*

Ils firent plus, car ils joignirent à leur production le contrat de vente qui avoit été faite à la mere & au frere du sieur de Prépont par ledit Henri-Louis Yver, des fonds situés à *Formigny & Aignerville*, & lesquels avoient été vendus plus de quinze ans avant sa mort, pour supposer que ces fonds dépendoient de la contumace, afin d'en dépoüiller les Acquereurs & Tiers-détenteurs, qui ne peuvent être dépossédés que par la saisie réelle, suivant l'art. 120 du Réglement de 1666. L'impossibilité où ils se trouveroient d'établir des créances privilégiées sur ces fonds, leur fit imaginer cette tournure.

La preuve que Vaudelles & le Curé de Veret possédoient les fonds contenus dans la Sentence de contumace de 1739, bien avant celle de 1754, se tire de l'extrait du Controlle de Tréviéres, où il paroît que Vaudelles ayant épousé Valentinne Hyver, en a fieffé à François Godefroi pour 59 liv. 16 sols 8 den. le 5 Septembre 1742; & le sieur Curé de Veret, pour sa récompense de quatre boisseaux de froment & 30 sols, en a fieffé au même Godefroi pour 35 liv. 13 sols 4 den. le 14 Mai précédent; & postérieurement à ces deux fieffes , Godefroi en a rendu aveu à la Seigneurie de Câ-tilly , *comme étant au droit & repréſentant Henri-Louis Yver.* Les piéces ſont au ſecret de Juſtice , & le ſieur Fouquet n'a pû les contredire.

Enfin une ſeconde preuve que ces fonds n'étoient plus en la main de Jean Câtel lors de ſon décès arrivé en 1749 , eſt que ſes héritiers ne les ont point trouvés dans le ſuppôt de ſa ſucceſſion , comme il a été dit , & que par la Tranſaction faite en 1758 entre le petit fils de Câtel & Vaudelles , après la Sentence de 1754 & l'Arrêt de la Cour de 1756 , Câtel , petit fils , a cédé des fonds à Vaudelles , ſitués à Ecrameville , & qu'il n'y eſt nullement parlé des fonds ſitués à *Câtilly , Maîtry & St. Marcouf,* qui étoient pourtant les ſeuls biens qui faiſoient l'objet de ſa demande en 1754.

Inutilement le ſieur Fouquet dit dans ſon Mémoire , page 18 , que les Sentences de 1738 & de 1739 ſont viſées & énoncées dans une du 28 Mars 1749. Il eſt vrai qu'elles y ſont énoncées , le ſieur de Prépont en convient ; mais Jean Câtel n'étoit pas mort lors de cette Sentence de 1749 , il ne mourut qu'à la fin de cette même année. Mais il étoit bien plus eſſentiel que l'énonciation de ces Sentences , & ſurtout celle du 20 Mars 1739 , fût faite dans la Sentence de 1754 , puiſqu'elle devoit ſervir de fondement à la demande de Vaudelles , qui étoit l'envoi en poſſeſſion des biens de Câtilly , Maîtry & St. Marcouf. Pourquoi donc cette Sentence de 1739 n'a-t-elle pas été produite lors de celle de 1754 ? Pourquoi y a-t-on ſubſtitué celle du 11 Octobre 1738 & le contrat de 1723 ? C'eſt , dit le ſieur Fouquet , que ce contrat étoit néceſſaire pour établir que Prépont devoit 20 liv. de rente , de retour de préciput , à la femme de Vaudelles. *

Mais il eſt aiſé de voir que ce n'eſt qu'un vain prétexte pour colorer & déguiſer une fraude ; en effet étoit-il beſoin que le contrat de 1723 fût produit lors de la Sentence de 1754 , pour demander une rente que Vaudelles prétendoit lui être duë au droit de Thomas Yver ſon Beau-pere ? Et ſurtout lorſque Vaudelles n'avoit à demander contre les héritiers Câtel que les biens de la ſucceſſion contumacée de Henri-Loüis Yver. Mais ce qui eſt ſans replique , c'eſt que le contrat de 1723 ne parle ni de près ni de loin de la rente de 20 livres , & que par conſéquent la raiſon véritable de cette production étoit de chercher à dépoüiller le ſieur de Prépont des deux ſillons qu'il poſſéde en la delle du Moulin-à-vent , ainſi que les héritiers du feu Michel Jaquelin , de la piéce du Caney à lui venduë par le ſieur Fouquet , en 1725.

En effet qu'on liſe la Requéte de Vaudelles du 22 Août 1761 , produite au Procès ſecret. Il y fait état de la Sentence du 18 Juillet 1754 , confirmée par l'Arrêt du 9 Avril 1756. Il ſe fit envoyer en poſſeſſion des fonds de la ſucceſſion de Henri-Loüis Yver , pour ſe

* Le ſieur Fouquet avoüe ici qu'il a prêté le contrat à Vaudelles ; n'eſt - ce pas avoüer en même tems qu'il l'a prêté pour nuire au Sr. de Prépont , puiſ que dans le ſiſté-mé du ſieur Fouquet , qui prétend que les ſillons de la Haute - guéré ſont poſſédés par le ſieur de Prépont , le contrat doit appartenir au poſſeſſeur.

faire payer des crédites dont il est porteur, " ayant été obligé, dit-il,
„ de contumacer les héritiers de Henri-Loüis Yver, il s'est fait en-
„ voyer en possession de fonds jusqu'à la concurrence de 5700 l. ou
„ environ une fois payés, ensorte que le Supliant est encore créancier
„ de cette même succession, ce qu'il faut qu'il trouve, & dont il faut
„ qu'il se remplisse sur les fonds de ladite succession aliénés depuis,
„ & au préjudice du Supliant. Il est instruit, *que par contrat passé*
„ *devant les Notaires de ce lieu le 27 Novembre 1723, ledit Henri-*
„ *Loüis Yver a vendu différens fonds à Me. Charles Jaquelin, Notaire:*
„ *de ce nombre sont deux sillons de terre, delle des Hautes-guéres....*
„ Cette vente a dû être clamée par le sieur Fouquet, Curé de Ve-
„ ret, & ce suivant le contrat de remise passé devant le Notaire de
„ Tréviéres, le 20 Janvier 1725 ; en conséquence de ce contrat,
„ la remise a été faite au sieur Fouquet, suivant sa demande & sans
„ réserve. Cependant le sieur de Prépont joüit des deux sillons dont
„ mention vient d'être faite. Le sieur de Prépont n'a aucun droit d'en
„ joüir, *puisque le sieur Fouquet a fait le payement du fond en entier*
„ *puisque lui même a fait la remise du fond total.* Dans ces cir-
„ constances, ayant des crédites aussi légitimes qu'anciennes, affer-
„ mies par plusieurs jugemens contradictoires & confirmés enfin par
„ un Arrêt, il n'est pas naturel que le Supliant perde son bien, &
„ qu'un étranger joüisse sans aucune raison *d'une portion des fonds*
„ *qui font l'objet de ses crédites. Le sieur de Prépont ne peut opposer*
„ *de possession, puisque le premier titre qu'il puisse invoquer, est le*
„ *contrat de 1723*, & qu'il a été ou dû être dépossédé en 1725 ;
„ ensorte qu'il n'a point une possession quadragénaire, le sieur Fou-
„ quet ne réclame point ce fond.

Qu'on juge à présent après la lecture de cette Requête, si ce n'est
pas le sieur Fouquet qui a mis Vaudelles en jeu, pour venir troubler
le sieur de Prépont, & si ce n'est pas également lui *qui a dit à Vau-*
delles qu'il ne réclamoit point ce fond ; & qu'on juge enfin de la foi
qui lui est duë, quand il avance hardiment, *que la production du*
contrat de 1723 étoit nécessaire pour établir que Prépont devoit la
rente de 20 livres à Vaudelles ; & si cette production n'avoit que ce
seul motif.

Vaudelles signifia encore un écrit le 26 Octobre suivant dans
lequel il a soutenu que le sieur de Prépont posséde les deux sillons,
& qu'ils sont en la delle des Hautes-guéres. Cependant il paroit de
meilleure foi que le sieur Curé de Veret, car il convient que, s'ils
sont situés en la delle du Moulin-à-vent, il n'y réclame rien.

Justice est suppliée de faire le parallele des interrogats que le sieur
Fouquet a faits au sieur de Prépont, avec la Requête que Vaudelles
avoit présentée, Vaudelles y soutient que le sieur de Prépont *ne*
peut point invoquer d'autre titre, que le contrat de 1723, & le sieur
Fouquet demande dans l'interrogatoire au sieur de Prépont, s'il n'est

pas vrai

pas vrai qu'il posséde les deux fillons en queſtion ; *en conſéquence du contrat de 1723.*

Vaudelles a dit que le fieur Fouquet a fait *la remiſe du fond total.*

Et le fieur Fouquet a demandé s'il n'eſt pas vrai *qu'il a clamé les fonds par complaiſance.*

Enfin le fieur Fouquet a demandé au fieur de Prépont , s'il n'eſt pas vrai qu'il posséde ces deux fillons , pour ſe récompenſer des 4 boiffeaux de froment qu'il fait à M. d'Ecrameville au lieu & place de Henri-Loüis Yver.

Voilà une partie des refforts que le fieur Fouquet a mis en uſage avec Vaudelles, ſon parent, pour dépoüiller le fieur de Prépont des deux fillons de terre qu'il posséde, ainſi que pour lui faire perdre la récompenſe des 4 boiffeaux de froment dont la ſucceſſion de Henri-Loüis Yver , qu'ils poſſédent depuis long-tems , eſt ſuſceptible.

Le fieur de Prépont n'a connu que cette récompenſe lui étoit duë ſur les biens de Henri-Louis Yver , que depuis 1759 que Vaudelles attaqua feu Michel Jaquelin , pour lui faire quitter la poſ-feſſion de la piéce du Caney. Ce fut dans cette circonſtance qu'a-yant lû la ſignification qui fut faite par Vaudelles, il s'attacha à la leſture de la copie de ce contrat, dans laquelle il remarqua que Henri-Louis Yver étoit demeuré chargé de la rente Seigneuriale duë à M. M. de la Bretonniére & d'Ecrameville , qui eſt la partie de quatre boiffeaux de froment dont il s'agit.

On l'a déja dit, la procédure de Vaudelles , pour réclamer les fillons de terre en queſtion, s'accorde parfaitement avec les interrogats du fieur Fouquet ; & on peut reconnoître une identité de conduite dans tout ce qui s'eſt fait à ce ſujet. Il ne ſera pas difficile de fortifier cette preuve.

En effet, lorſque le fieur de Prépont a porté ſa plainte à la Conférence de Formigny , de quoi s'eſt-il plaint ? De ce que le fieur Fouquet mettoit tout en uſage pour ſeconder les deſſeins de Vaudelles dans la réclamation de ces deux fillons ; qu'il alloit chez différens Particuliers chercher des titres pour lui.

Voici comme le fieur de Prépont s'eſt expliqué dans cette Supplique : » Quelles démarches le fieur Fouquet n'a-t-il pas faites » auprès des Témoins qu'il ſçavoit être en état de porter Témoi- » gnage en faveur de la poſſeſſion du Suppliant ? Il a été chez plu- » fieurs perſonnes de la Paroiffe de Formigny , & juſqu'à St. Lau- » rent même parler les perſonnes , & chercher des titres pour Vau- » delles. N'a-t-il pas envoyé chez M. le Curé de Vierville, pour » le prier de lui envoyer un extrait du Gage-plége du Seigneur de » Vierville, pour établir par des buts & jouxtés la poſſeſſion de » Vaudelles ; N'a-t-il pas fourni à Vaudelles un contrat paſſé de- » vant Mabire Tabellion à Formigny. . . . . . . Le Suppliant ne penſa

H

» pas que le fieur Fouquet veuille méconnoître aucun de ces faits;
» il auroit mauvaife grace; mais le Suppliant lui fournira la preuve
» de tous ces faits, s'il vient à les méconnoître.

» Mais paffons à un autre fait qui établira de plus en plus la part
» que le fieur Fouquet a eûe dans le Procès que lui a intenté Vau-
» delles. . . . . Le fieur Fouquet n'a pas même caché à M. l'Abbé
» Denife la part qu'il y avoit, & ce fut à cette occafion qu'il pro-
» mit à M. Denife de venir un jour dans la Sacriftie de Formigny,
» & qu'il lui feroit voir ainfi qu'au Suppliant un acte dont il étoit
» porteur, qui devoit établir qu'il avoit revendu les deux fillons au
» feu fieur Doutreval, frère du Suppliant.

Il faut écouter le fieur Fouquet, page 17 de fon Mémoire. Il va
dire impudemment *qu'il n'eft point vrai qu'il ait aidé, foutenu, infpiré, protégé Vaudelles dans ce Procès.* Mais, fieur Fouquet, y pén-
féz-vous? Eft-ce l'affurance dans laquelle vous êtes, que le fieur
de Prépont ne fera pas reçu à faire de preuve des faits qu'il a
articulés dans fa Supplique, qui vous donne droit d'en impofer à la
Juftice avec une fi grande hardieffe? Mais, fieur Fouquet, il faut vous
convaincre de votre erreur, & tâcher de vous en faire revenir, s'il
eft poffible.

Vous avez produit & dépofé, lors de votre plainte du 9 Mai
1763, un Gage-plége de M. de Canivet, & le contrat de fieffe par
lui fait à Jean Heulin; ces deux titres font énoncés dans la Sentence
de décret que vous avez fignifiée au fieur de Prépont. Vous avez
même parlé de celui de Jean Heulin, page 20 de votre Mémoire :
dites-nous, fi ces piéces ne font pas appartenantes à M. de Vierville, depuis qu'il a acheté le fieffe du Moley en 1741 de M. de Canivet même? N'avez-vous pas auffi prêté à Vaudelles le contrat paffé
devant Mabire Tabellion à Formigny? avez-vous méconnu aucun
de ces faits dans votre Mémoire imprimé?

Que la vérité eft triomphante, fieur Fouquet! puifqu'elle vous
a forcé de joindre à votre plainte des piéces que vous aviez recher-
chées pour Vaudelles, & dont le fieur de Prépont s'étoit plaint lors
de fa Requête à la Conférence de Formigny, fans fçavoir que vous
dûffiez faire de plainte contre lui trois mois après : mais fi M. le Curé
de Vierville ne vous a pas fait obtenir ces piéces, comme le fieur de
Prépont avoit offert d'en faire la preuve, dites-nous donc par quel
canal elles vous ont paffé.

Le fieur Fouquet dans fon Mémoire donne l'idée d'un Defpote
& d'un homme d'autorité fi abfolue, qu'il voudroit qu'on l'en crût
fur fa parole : c'eft fur ce principe qu'il tranche du décifif, & qu'il
invente & controuve les faits les plus faux pour les donner à fes
Juges comme des vérités. Le caractère refpectable dont il a l'honneur
d'être revêtu, lui donne une licence & une hardieffe dont il fçait
tirer avantage pour féduire & pour en impofer; mais la Juftice &

le Public ne prendront pas le change à la vûe des preuves qui éclai-
rent de toute part pour confondre cet Eccléfiastique.

Un seul trait de son Mémoire convaincra la Justice de ce que
le sieur de Prépont vient d'avancer : » Que Prépont, dit le sieur
» Fouquet page 11, ait eû des plaintes à former contre le sieur
» Curé de Veret, il étoit tout simple d'en conférer avec lui, ou
» d'en parler *à un ami commun* : mais ç'eût été le ménager, garder
» des bienséances, avoir des procédés ; & comme cette conduite
» n'avoit pas été celle du sieur de Parfouru, elle ne sera pas celle
» de Prépont.

Il faut avoir plus que de la hardieffe, pour parler avec tant de
fécurité. L'on a vû ci-devant combien le sieur de Prépont eut de
déférence pour Mademoiselle de Benouville & pour M. d'Ecrameville ; qu'il consentit par la compromiffion faite avec Vaudelles à tous les arrangemens les plus favorables, en lui cédant
même, & lui remettant tous les fermages qu'il lui devoit, avec les
frais de saisie. L'on va donc voir encore si le sieur de Prépont n'a-
voit pas tenté d'autres moyens de s'arranger, afin d'obtenir la paix
& la tranquillité : il suffira de mettre sous les yeux de Justice le
certificat de M. l'Abbé Denise, Vicaire de Formigny, homme si
digne de son état, comme le sieur Fouquet n'en sçauroit disconvenir.

» Nous souffigné Vicaire de Formigny, atteftons que m'étant
» trouvé, il y à viron deux ans & demi ou trois ans, chez M.
» le Curé de Veret, & que nous étant entretenus ensemble sur un
» Procès qui commençoit à naître entre un nommé Vaudelles, pa-
» rent de M. le Curé de Veret, & M. Jaquelin de Prépont, ayant
» envie de les accommoder ensemble, je fis ensorte d'engager M.
» le Curé de Veret à s'expliquer avec le sieur Prépont sur quel-
» ques papiers qu'il me montra dans sa chambre. Pour cet effet,
» je lui représentai que je les avois connu autrefois intimes amis,
» & d'ailleurs qu'un nommé Robert Hébert, de la Paroiffe de For-
» migny, âgé de viron 70 ans, disoit que ces sillons de terre ap-
» partenoient à M. Prépont, & qu'il avoit chaffé le harnois pour
» les labourer pour Madame Onfroi, mere de M. de Prépont, il
» y avoit plus de 50 ans. Sur cela M. le Curé de Veret me ré-
» pondit qu'il avoit pièce en main, pour faire pendre les personnes
» qui rapporteroient cela, à moins que la mere de M. de Prépont
» n'en eût joüi à ferme ; au reste *que c'étoit ce malheureux foffé*
» *pour qui ils avoient eû Procès qui avoit été la caufe de cela.* Nous
» nous quittâmes sur cela, en le portant à ne point se broüiller avec
» son ancien ami, & à s'expliquer ensemble. Peu de jours après
» nous étant trouvés chez M. le Curé de St. Laurent sur la mer,
» où nous étions invités, M. le Curé de Veret me prit en parti-
» culier, & me dit que dans sa méditation il avoit réfléchi *que M.*
» *de Prépont pourroit bien ignorer ce qui s'étoit paffé entre sa mere,*

,, *son frère & lui.* Sur cela M. le Curé de Veret me dit de prendre
,, la commodité de M. de Prépont, pour s'expliquer ensemble.
,, Comme je n'avois pas de demeure, je marquai la Sacristie de
,, Formigny, lieu de la conférence, pour se trouver le lendemain,
,, me chargeant d'avertir M. de Prépont. Nous nous y rendîmes
,, tous les trois, viron sur les huit heures du matin, autant que je
,, peux m'en souvenir; & voici à peu près ce qui fut dit dans la
,, conversation: M. le Curé de Veret tira des papiers de sa poche,
,, en disant, *j'ai oublié l'original*; mais en voilà la copie. M. de
,, Prépont lut quelques papiers, en disant: Qu'est-ce que cela me
,, fait, cela ne dit rien pour mon affaire. Sur cela M. le Curé de
,, Veret reprit ses papiers, ils s'en furent chacun de leur côté, &
,, & moi du mien. Voilà en substance ce que la mémoire peut me
,, fournir sur cette entrevue. Le tout certifié véritable par moi Vi-
,, caire de Formigny, ce 22 Septembre 1765. *Signé,* G. DENISE,
,, Vic. de Formigny.

Que l'on juge à présent de la vérité de l'énoncé du sieur Fouquet, qui a dit page 18 de son Mémoire, qu'il avoit donné des
connoissances à Prépont *devant le sieur Vicaire de Formigny*; que
l'on juge également de la foi qui lui est duë, quand il dit, page
3, ,, qu'il a tenté l'impossible pour concilier Vaudelles & Prépont:
,, *Pour parlers,* dit cet artificieux; *rapports de difficultés, moyens de*
,, *conciliation, tout a été offert & employé.* Il étoit malheureusement
,, résolu qu'ils plaideroient. Le sieur Fouquet se range du parti de
,, Vaudelles; ç'en est assés, Prépont lui jure une haine éternelle:
,, il en prend les conseils funestes; il ne va rien épargner pour le
,, sacrifier & le perdre. Quelle tirade d'élocution, sieur Fouquet,
& que vous faites bien voir que vous n'êtes pas un Novice!

Quoique le sieur de Prépont puisse encore établir par d'autres
preuves, que le sieur Fouquet *avoit inspiré & protégé* Vaudelles
dans la réclamation des deux sillons de terre en question, il n'en
parlera cependant qu'après avoir fait encore quelques réflexions sur
la Sentence du 18 Juillet 1754, qui est obreptice & subreptice:
le faux y est allégué, & la vérité cachée.

On y suppose que Vaudelles n'a point obtenu ce qu'il avoit
demandé par sa Requête *du 25 Janvier 1740*, & on le lui accorde;
cependant les biens situés à Câtilly, Maîtry & St. Marcouf, qui
avoient passé à Câtel en vertu de la Sentence de 1739, se trouvent fieffés par Vaudelles dès 1742.

Et lors de la Sentence de 1754, Vaudelles vient produire le
contrat du 27 Novembre 1723, contenant la vente des biens situés à Formigny & Aignerville: c'est pour lors qu'on cache cette
Sentence de 1739, qui contient le détail des seuls biens qui fussent
l'objet de la demande de Vaudelles; & c'est d'après un si beau
projet, & si heureusement exécuté, que le sieur Fouquet vient
dire

dire hardiment » que Vaudelles avoit droit de réclamer ces deux
» fillons de terre, comme à lui jugés par la Sentence de Bayeux de
» 1754, confirmée par Arrêt de la Cour de 1756, & qu'il a réuffi
» fur ce Procès apointé, inftruit par plufieurs écrits, diftribué au
» rapport de M. du Châtel, dont on ne peut contefter la capa-
» cité, le mérite & la juftice. Prépont qui crie dans le Bailliage
» Criminel à la furprife, ne fera pas fortune, & fon oppofition ne
» donnera pas plus de mérite à la caufe qu'il foutient.

Le fieur de Prépont ne croit pas que le fieur Fouquet puiffe tenir un pareil langage de fang froid : il devroit s'appercevoir qu'il
donne encore plus de force à la preuve du fieur de Prépont ; il
accrédite fon ouvrage & celui de Vaudelles fon protégé, fans s'en
appercevoir, en fuppofant comme il fait, que la Sentence rendue
par M. du Châtel eft un ouvrage de juftice & d'équité.

Mais croyez-vous de bonne foi, fieur Fouquet, que M. du Châtel, Magiftrat fi intégre, & fi digne de la place qu'il occupe, puiffe
goûter un éloge qui ne feroit fait qu'aux dépens de fon honneur
& de fa probité, & qui le rendroit complice de votre induftrieufe
conduite ? Si M. du Châtel avoit connu la Sentence de 1739, qu'il
fe fût apperçû de la fubftitution de celle du 11 Octobre 1738, &
de la production que vous avez faite, à la complicité de Vaudelles,
du contrat de 1723, pour fuppofer encore des fonds, autres que
ceux compris dans la Sentence de contumace, que Vaudelles poffédoit dès avant 1742, auriez-vous pû, fieur Fouquet, échaper aux
recherches qu'il auroit faites, pour éclaircir une fi odieufe fuppofition, & ne vous auroit-il pas rendu Vaudelles & vous les objets
d'une jufte punition ?

Car il faut convenir que fi M. du Châtel fe fût apperçû de cette
fraude, il fe feroit bien gardé de condamner la Veuve & héritiers
Michel Jaquelin à déguerpir la piéce du Caney, lorfqu'il a rendû
fa Sentence au mois de May 1764; le fieur de Prépont de même
n'auroit pas été expofé en 1762 à l'apointement qui fut rendu.

Mais d'ailleurs une raifon toute fimple fe préfente, qui auroit
empêché le trouble que le fieur Fouquet & Vaudelles caufent aujourd'hui au fieur de Prépont & à fa famille ; c'eft que M. du Châtel fe feroit apperçû qu'il auroit jugé *ultrà petita* ; il auroit vû que
les conclufions de Vaudelles ne tendoient qu'à faire juger & décla-
rer la contumace, pourfuivie par Jean Câtel, commune avec lui,
& que par conféquent fes conclufions ne pouvoient tendre *qu'à
l'envoi en poffeffion des biens de la fucceffion contumacée de Henri-
Louis Yver, fitués à Câtilly, Maîtry & St. Marcouf*; & enfin que
les conclufions de Vaudelles étoient fans objet fur les biens vendus
par le contrat de 1723, fitués *à Formigny & Aignernille*, poffé-
dés par des Acquereurs qui ne pouvoient être dépoffédés que par
la faifie réelle : en un mot que ces biens n'étoient pas *jacents*, &

I

qu'ils avoient été vendus plus de quinze ans avant la mort de Henri-Louis Yver ; que ces biens par conféquent n'avoient point entré dans le dénombrement de ceux que Câtel avoit annotés fur les héritiers contumacés de Henri-Louis Yver, puifqu'ils ne furent point compris dans la Sentence de 1739.

Voilà tout ce que M. du Châtel n'auroit pas manqué de voir, fi fa religion n'avoit pas été furprife par les fieurs Fouquet & Vaudelles.

Les fieurs Jaquelin de leur côté, quand ils ont été attaqués fucceffivement en 1759 & 1761, n'auroient pas manqué d'objecter *l'ultrà petita*, s'ils avoient eû connoiffance de la Sentence de 1739, ils auroient dit à Vaudelles ; lifez votre Sentence de 1754 : qu'eft-ce que le Juge ordonne ? que la contumace jugée au profit de Jean Catel par la Sentence de 1739, eft déclarée commune avec vous, & conféquemment vous ne devez rien prétendre fur les biens fitués à Formigny & Aignerville, vendus par le contrat de 1723.

Il ne faut donc pas dire que le contrat de 1723, a été produit feulement, pour demander les 20 livres de rente : ce fait eft démenti par le fait même, puifque Vaudelles a pofitivement demandé l'envoi en poffeffion de la piéce du Caney fur les héritiers Michel Jaquelin, & des deux fillons, delle des Hautes-guéres fur le fieur de Prépont, en leur fignifiant la Sentence de 1754, l'Arrêt de la Cour de 1756 & le contrat du 27 Novembre 1723, comme le fieur de Prépont l'a rémarqué dans ce Mémoire, en parlant des procédures de Vaudelles *fuivant*, dit-il, *qu'il eft envoyé en poffeffion des héritages de la fucceffion contumacée de Henri-Louis Yver* ; * preuve évidente qu'ils ont pratiqué une fraude lors de la Sentence de 1754, pour en former la demande à ce titre. Mais, fieur Fouquet, dites-nous, êtes-vous le maître des motifs, dès que vous convenez que le contrat de 1723 a été vifé dans la Sentence de 1754, pour demander les 20 livres de rente au fieur de Prépont ; Vaudelles n'étoit-il pas bien le maître de s'en fervir à telle fin qu'il aviferoit bien ? N'eft-ce donc pas la preuve la plus complette que vous avez prêté ce contrat à Vaudelles pour nuire aux fieurs Jaquelin & les dépoüiller, puifque ce contrat ne vous a jamais appartenu, comme on l'établira dans la fuite de ce Mémoire.

* Voir la fommation de Vaudelles du 17 Juillet 1761.

Il faut préfentement répondre à une objection du fieur Fouquet. Il a fuppofé contre toute vérité, que le fieur de Prépont a dit » que » les deux fillons de terre ne lui appartiennent qu'en vertu de la » vente que lui en fit le fieur Fouquet en 1725, après la clameur » qu'il avoit faite du contrat de 1723. Le fieur Fouquet ajoute » encore, que cette objection eft faite fans pudeur après les con- » noiffances que le fieur Fouquet a données à Prépont *devant le* » *fieur vicaire de Formigny*. Et plus bas il dit encore, qu'en 1723 » Henri-Louis Yver ceda à la mere de Prépont différens héritages, » vrai que le Seigneur de Formigny avoit clamé à droit féodal ce

„ qui relevoit de lui. Vrai que le fieur Fouquet alors très-jeune Eccléfiaftique clama le contrat de fon chef ; mais, dit le fieur Fouquet, „ cette clameur étoit-elle fincere ?

Il n'eft point vrai que le fieur de Prépont ait dit que les deux fillons ne lui appartenoient, qu'en vertu de la vente à lui faite par le fieur Fouquet en 1725, *après la clameur de 1723* : le fieur Fouquet fait toujours dire au fieur de Prépont ce qu'il ne dit point.

Voici comme il s'eft expliqué dans fa Requête préfentée à la Conférence de Formigny. » Tandis que le Suppliant étoit dans l'in„ quiétude des pratiques fourdes que le fieur Fouquet mettoit en „ ufage ; Dieu a permis qu'il ait recouvré parmi fes papiers le con„ trat de vente des deux fillons de terre qu'il poffede en la delle „ du Moulin-à-vent, que le fieur Fouquet *veut faire paffer* pour „ être ceux qu'il a vendu au feu fieur Doutreval.

Eft-ce là dire que le fieur Fouquet les ait réellement vendus au feu fieur Doutreval ? N'eft-ce pas plutôt une fuppofition hazardée de fa part, que le fieur de Prépont cherche à détruire, puifque loin de convenir de ce fait, il fe félicite d'avoir recouvré fon titre qui eft le contrat du 31 Juillet 1696, qui contient la vente des deux fillons, delle du Moulin-à-vent.

Il eft bien vrai que le fieur Fouquet avoit fait entendre au fieur Denife Vicaire de Formigny qu'il montreroit des titres qui feroient connoître au fieur de Prépont, qu'il ignoroit ce qui s'étoit paffé entre fa mere, fon frere & le fieur Fouquet ; ce qui faifoit croire au fieur de Prépont qu'il lui montreroit peut-être quelque contrat de vente, ou autre de même efpèce, par lequel il établiroit que ces fonds feroient repaffés à fa mere ou à fon frere : mais le fieur Fouquet a-t-il jamais fait cette juftification devant le fieur Denife ? leur a-t-il dit à l'un & à l'autre dans la Sacriftie de Formigny, *qu'il eût clamé ces fonds par complaifance* ; loin de cela, il les laiffa dans une parfaite ignorance.

Le fieur Fouquet en impofe donc à la Juftice, quand il vient dire qu'il a donné des connoiffances devant le Vicaire de Formigny : connoiffances qui font fi bien défavouées par fon certificat.

Le fieur de Prépont avoit cependant adopté la fuppofition du fieur Fouquet, en difant que fi ces fillons étoient repaffés à fa mere ou à fon frere depuis la clameur de 1725, il falloit bien qu'il les eût revendus, comme il avoit revendu depuis cette clameur la piéce du Caney à Michel Jaquelin fieur Duval ; parceque le fieur de Prépont ne pouvoit pas croire que ces deux fillons de la Haute-guére euffent pû repaffer à fes auteurs autrement que par la voye d'une vente ou d'une fieffe, n'étant pas poffible de croire & de s'imaginer qu'une fraude pût jamais être mife au rang des contrats ordinaires de la Société civile.

Mais s'il eft vrai, comme le prétend le fieur Fouquet, que ces

fillons foient reftés aux mains des autèurs du fieur de Prépont *par*
complaifance, il ne feroit pas moins coupable de révéler un pareil
fecret fans aucune néceffité : c'eft ce qui va être démontré.

Le fieur Fouquet prétend qu'il étoit fort jeune, lorfqu'il eut *cette*
complaifance : il n'avoit que 27 ou 28 ans; mais aujourd'hui qu'il
eft plus âgé, a-t-il dû ignorer que dès qu'on lui a fait voir que lui
ni Vaudelles n'avoient aucun droit ni qualité de dépouiller le fieur
de Prépont de ces deux fillons de terre, (n'étant point compris
dans la Sentence de contumace) il étoit indifférent pour lui de les
poffeder, foit en vertu du contrat de 1696, ou de celui de 1723,
que c'étoit manquer effentiellement aux loix de l'honneur & de la
probité, de révéler un fecret par lequel le fieur Fouquet fe trou-
voit compromis avec le feu fieur Doutreval & la Dame fa mere;
qu'il ne pouvoit pas faire un pareil aveu, fans avoir deffein de diffamer & noircir leur mémoire, en fuppofant qu'ils avoient concerté
& machiné avec lui une fraude qui privoit M. de Formigny du
droit de clameur; que rien n'étoit plus indécent de fa part de fe
déshonorer lui-même, pour avoir l'avantage criminel & perfide de
déshonorer d'honnêtes-gens qui font morts dans l'eftime du public;
que le fieur Fouquet devroit fe fouvenir qu'il n'étoit pas préfuma-
ble qu'il eût concerté cette clameur frauduleufe avec eux, fans en
avoir donné le confeil, lui qui étoit un Eccléfiaftique éclairé, &
qu'il n'étoit pas douteux qu'il en avoit reçu la récompenfe de leur
part, comme d'un fervice rendu; qu'enfin c'étoit bien gratuitement,
& fans le plus léger intérêt, qu'il venoit révéler un myftére qui
devoit être éternellement dans l'oubli. Voilà toutes les conféquen-
ces qui naiffent de fon fyftême, que le fieur de Prépont lui a ob-
jectées dans fa requête du 22 Décembre dernier, auxquelles le Sr.
Fouquet n'a pû donner de folution.

Le fieur de Prépont l'avoit même renvoyé aux Conférences
d'Angers, pour y voir fa leçon écrite & fa prévarication. Voici,
pour l'inftruction du fieur Fouquet, ce qui y eft configné, tome 2,
page 444 : » Quand nous confions notre fecret à un ami, c'eft un
„ dépôt que nous lui faifons qui nous appartient toujours; & pour
„ avoir partagé avec un ami notre fecret, nous ne le lui avons pas
„ donné *comme un bien dont il dût difpofer* ; il eft toujours à nous,
„ quoique nous le lui ayons confié : fi un ami révéle donc ce fe-
» cret, il difpofe d'un bien qui n'eft pas à lui; par conféquent il
» commet une injuftice.

Vous étiez, fieur Fouquet, Contemporain d'études du fieur
Doutreval; vous n'aviez pas de fortune, puifque vous avez été
obligé de renoncer la fucceffion de votre Pere. Vous fuppofez que
la mere du fieur de Prépont n'étoit pas en état en 1725 d'avoir
des Commençaux; mais démentez donc le Public.

Le fieur Fouquet, qui prétend que la Dame Onfroi, mere du
fieur

fieur de Prépont, n'étoit pas en état d'avoir des Commençaux en 1725, ne peut pourtant pas méconnoître qu'elle étoit affés dans l'aifance, avec plus de 2000 liv. de revenu, pour donner à fes enfans toute l'éducation dont elle étoit capable. Elle plaçoit fon jeune fils dans les méilleures penfions; comme elle l'a toujours pratiqué depuis qu'il devenoit plus âgé; elle paya dans la fuite pour fon fils aîné la Charge de Lieutenant Général de l'Amirauté de Bayeux. Aprés cela le fieur Fouquet viendra dire qu'elle n'étoit pas en état d'avoir des Commençaux; n'eft-ce pas là le langage de l'ingratitude?

Le fieur de Prépont a dit avec bien plus de vérité que le fieur Fouquet avoit renoncé à la fucceffion de fon pere: il a puifé ce fait dans les piéces du Procès, & principalement dans la Sentence du 11 Octobre 1738, & il n'a pas crû pour cela *mortifier le fieur Curé*. La Loi qui permet à un fils de famille de renoncer à la fucceffion de fon pere pour s'en tenir à fon tiers Coutumier, ne prétend pas lui en faire un crime: à Dieu ne plaife que le fieur de Prépont blâme ce que la Loi ne blame pas, puifque c'eft une précaution de fa fageffe: mais il étoit néceffaire que le fieur de Prépont fit connoître la fituation du fieur Fouquet, par oppofition à celle de la Dame Onfroi fa mere, pour faire voir en même tems qu'elle étoit en état de donner quelques fois des marques de fa générofité, *

S'il en faut croire le fieur Fouquet, il n'y a eû perfonne qui ait porté plus loin que lui la complaifance pour le fieur de Prépont, puifqu'il *l'a*, dit-il, *pouffée jufqu'à la foibleffe, & qu'il l'a prévenu en toute occafion, par fon zéle & par fes fervices.* Quel dommage que ce beau langage fe trouve fi peu d'accord avec les piéces du Procès!

Mais quand il feroit vrai, ce qui n'eft pas, que le fieur Fouquet eût fait connoître dans la Sacriftie de Formigny au fieur de Prepont, en préfence du fieur Vicaire de Formigny, *toute la complaifance* qu'il avoit euë de clamer les fonds en 1725; quand il feroit vrai qu'il l'en auroit perfuadé & même convaincu, le fieur de Prépont fe feroit-il crû pour cela obligé de remettre à Vaudelles les deux fillons qu'il pofféde en la campagne de Formigny, fous prétexte qu'ils font en la delle *des Hautes-guéres*, & qu'ils dépendent du contrat de 1723? N'eft-ce pas un crime de plus fur le compte du fieur Fouquet, qui prétend *que fa clameur n'étoit point permife, dès qu'elle n'étoit qu'un fervice d'ami* de chercher à dépofféder des perfonnes à qui il avoit rendu un fervice fi fignalé? Ne devoit-il pas *les protéger, les foutenir, les infpirer même* & les défendre des attaques de Vaudelles, ou de tout autre qui auroit voulu les troubler dans cette poffeffion? Il fuffifoit qu'il eût participé à cette clameur, il fuffifoit qu'il eût rendu fervice aux fieurs Jaquelin; enfin il fuffifoit qu'il fût demeuré en poffeffion du titre de 1723, pour être dans le cas de s'interdire abfolument la penfée même de leur nuire.

* La mère du Sr de Prépont étant devenue Veuve de Me. Thomas Jaquelin, Notaire, eut l'honneur d'époufer Meffire Rolland Onfroi, d'une des plus anciennes maifos du pays, alliée des Seigneurs Préfident de la Londe & Comte de la Heuze.

K

Mais ce qui caractérise l'énormité du crime, c'eſt qu'il ſçavoit bien que Vaudelles *n'avoit ni droit ni qualité* de réclamer ces deux ſillons, & que la Sentence rendue au profit de Jean Câtel, ne contenoit point d'autres fonds que ceux qui ſont ſitués à Câtilly, Maïtry & St. Marcouf: c'eſt donc ce qui conſtituë le ſieur Fouquet d'autant plus criminel vis-à-vis du ſieur de Prépont, qu'il aide encore Vaudelles à le dépoüiller.

Auſſi le ſieur de Prépont, loin de croire que le ſieur Fouquet eût fait une fraude *par complaiſance*, mais qui croyoit au contraire qu'il avoit repaſſé ces fonds à ſes auteurs par une voye légitime, s'étoit exprimé de cette forte dans ſa Supplique.

» C'eſt ici, Meſſieurs, le lieu de vous demander s'il eſt de la
» bienſéance au ſieur Fouquet, ſi même ce n'eſt pas une choſe
» contraire à la Juſtice & à la ſimple équité naturelle de faire tous
» les efforts qu'il fait pour faire réüſſir Vaudelles. S'il eſt vrai comme
» *le ſuppoſe le ſieur Curé de Veret*, qu'il ait vendu les deux ſillons
» de terre au feu ſieur Doutreval, *après qu'il les eut clamé*, ne doit-
» il pas en conſcience faire tous ſes efforts pour laiſſer joüir ſes
» Acquereurs? Un ſimple homme, je ne parle pas d'un Prêtre,
» mais un ſimple homme, quoiqu'il ne ſoit pas raffiné dans les cas
» de conſcience comme le ſieur Fouquet, qui vendroit un fond dont
» il auroit reçu le prix, ſeroit-il excuſable, paſſeroit-il même pour
» honnête homme, s'il venoit quelques années après à favoriſer les
» deſſeins d'un étranger qui voudroit prendre poſſeſſion d'un bien
» qu'il ſçauroit avoir vendu quelques années auparavant? N'emploi-
» roit-il pas tous les moyens que les Loix, l'honneur & la conſcience
» lui dicteroient pour maintenir ſon Acquereur dans la poſſeſſion de
„ ces fonds? Quel nom donneroit-on à ce particulier, s'il agiſſoit
„ de concert avec l'étranger pour expulſer l'Acquereur de bonne
„ foi: le Suppliant vous laiſſe, Meſſieurs, l'application à faire de
„ ce parallele.

Le ſieur de Prépont en laiſſe pareillement l'application à faire à la Juſtice & au Public.

» Mais ſi le ſieur Curé de Veret n'a point revendu ces deux ſil-
» lons, & que ceux que le Suppliant poſſéde ſoient les mêmes que
» ceux qui furent vendus à ſes Auteurs en 1696, comme l'on n'en
» peut douter, puiſque la delle où ils ſont placés, & les buts &
» jouxtes ſont conformes à ce contrat; quelle idée, MESSIEURS,
» vous formerez-vous du ſieur Fouquet, & quelle qualification lui
» donnerez-vous? Il faut que le ſieur Fouquet choiſiſſe une de ces
» deux alternatives, qui ne lui feront pas plus avantageuſes l'une
» que l'autre: ou il prétend les avoir vendu, ou bien ils appar-
» tiennent au Suppliant en vertu de ſon contrat de 1696.

» Si le ſieur Fouquet prétend les avoir vendu, il trahit donc
» la cauſe des Acquereurs dont il a reçu l'argent: s'il ne les a point

» vendu, c'eſt donc un trouble qu'il apporte à la tranquille poſſeſ-
» ſion du Suppliant, que toute la ſévérité des Loix doit réprimer,
» ſurtout ſi l'on conſidére la qualité du ſieur Fouquet, & les mo-
» tifs qui l'ont fait agir, c'eſt-à-dire, *le Procès du foſſé.*

Ainſi, dans la ſuppoſition du ſieur Fouquet, qui prétend aujour-
d'hui avoir clamé les fonds *par complaiſance*, * & les avoir laiſſé
aux ſieurs Jaquelin, il choiſira encore une de ces deux alternatives :
ou il a clamé ces fonds *par complaiſance*, où ils appartiennent au
ſieur de Prépont en vertu de ſon contrat de 1696.

Si le ſieur Fouquet les a clamé *par complaiſance*, il trahit donc
la cauſe d'un *ami* à qui il avoit promis un ſecret inviolable, cherchant à le dépoüiller par une ſupercherie la plus déteſtable qu'il
ait pû imaginer avec Vaudelles, à l'effet de faire dépendre ces
deux ſillons de la Sentence de contumace ; & s'il ne les a pas clamé par complaiſance, ils appartiennent donc au ſieur de Prépont
en vertu de ſon contrat de 1696, & par conſéquent *c'eſt un trouble
qu'il apporte à la tranquille poſſeſſion du Suppliant, que toute la ſévérité des Loix doit réprimer, ſurtout ſi l'on conſidére la qualité du
du ſieur Fouquet, & les motifs qui l'ont fait agir, c'eſt-à-dire,* le Procès du foſſé.

*P R O C E S intenté par Vaudelles en 1759, contre Michel
Jaquelin, Sieur Duval, pour réclamer la piéce du Caney.*

Lorſque le ſieur Fouquet fit attaquer le ſieur Michel Jaquelin
par Vaudelles en 1759, pour le dépoſſéder de la piéce du Caney,
Vaudelles lui fit ſignifier le contrat de 1723, ſur une copie collationnée, délivrée par Mahoui, Notaire à Treviéres, le 4 Octobre
1737 : ce Notaire atteſte qu'elle eſt conforme à l'Original, repré-
ſenté par *diſcrette Perſonne Aimé Fouquet, Prêtre, Curé de Veret.*
C'eſt donc un fait vrai que le ſieur Fouquet étoit ſaiſi de la groſſe
du contrat de 1723, lorſque la copie collationnée en fut délivrée
en 1737, & que dans le ſyſtême du ſieur Fouquet, qui prétend
avoir clamé les fonds *par complaiſance pour les ſieurs Jaquelin,*
il auroit dû remettre cette groſſe aux mains des Propriétaires.

Le ſieur Fouquet cependant en a décidé autrement : il ſoutient
que le ſieur de Prépont poſſéde les deux ſillons de terre en la delle
des Hautes-guéres, quoiqu'il ne ſoit pas ſaiſi du titre ; & le ſieur
Fouquet, qui eſt toujours demeuré ſaiſi de ce titre, prétend qu'il
ne les poſſéde point. Voilà un problême ; le réſoudra qui voudra.

Mais il faut aller plus loin : lorſque Vaudelles attaqua le ſieur
de Prépont en 1761, pour lui faire déguerpir les deux ſillons en
queſtion, ce fut encore en vertu *de cette copie collationnée* qu'il
s'aida pour faire cette ſignification ; mais comme cette copie ſeule
ne ſuffiſoit pas pour deux Procès, le ſieur Fouquet fut encore fa-

* Il faut enten-
dre par le mot de
complaiſance, la
fraude que le Sr.
Fouquet avoüe a-
voir faite, pour
exclure M. de
Formigny de ſa
clameur féodale.

vorable à Vaudelles dans cette circonftance.

Vaudelles produifit la copie collationnée fur le procès contre le fieur de Prépont, & le fieur Fouquet prêta à Vaudelles l'original en parchemin dudit contrat de 1723 ; fur le dos duquel font les audiences & lectures faites aux Paroiffes de Formigny & d'Aignerville , requête des fieurs Jaquelin, dont Vaudelles a fait la production fur le Procès qui eft actuellement pendant en la Cour, entre lui & lefdits héritiers Michel Jaquelin.

Voilà donc une preuve bien complette que le fieur Fouquet met tous fes talens en œuvre , pour dépouiller le fieur de Prépont & fa famille par le moyen de Vaudelles : cette preuve eft fi évidente & fi palpable, qu'il n'eft pas poffible de s'y méprendre. Le fieur Fouquet affure cependant , page 18 de fon Mémoire, qu'il falloit l'en croire fur fa parole » : vous vous trompez, *dit-il gravement ,* » quand vous m'imputez d'avoir favorifé la réclamation de Vau- » delles ; jamais je ne me fuis mêlé de cette affaire, & je n'ai fait » aucunes démarches pour lui. Il femble qu'une pareille affertion » auroit dû tranquillifer Prépont, & au moins lui impofer filence, » puifqu'il ne peut rien établir pour la détruire.

Quelle foi doit-on ajoûter à celui qui parle d'un ton fi affirmatif, au mépris de preuves fi claires ? Son affertion & fon témoignage prévaudront-ils à une preuve auffi évidente ? Le fieur Fouquet ne craint pas d'affirmer à la Juftice & au Public, *qu'il ne s'eft jamais mêlé de cette affaire.* C'eft lui cependant qui, en violant le fecret qu'il avoit promis, le divulgue par la plus noire de toutes les prévarications ; c'eft lui qui, en donnant à Vaudelles le contrat de 1723 , livre une arme dont le fieur de Prépont ne devoit jamais redouter l'effet , mais que le fieur Fouquet n'a tourné contre lui que pour le dépouiller.

N'efpérez pas, fieur Fouquet, échaper à cette preuve littérale , quelques détours , quelqu'habileté que vous puiffiez avoir : le fieur de Prépont s'eft précautionné ; il n'a pas manqué à la Cour de faire tirer une copie collationnée fur cet original, par le fieur Muftel, Notaire-Sécretaire , fur la production des pièces de Vaudelles, cottées par Bertot fon Procureur. Cette copie collationnée fera produite contre vous.

Le fieur de Prépont ne peut trop vous le répéter, fieur Fouquet, que vous livrez un contrat qui ne vous appartient pas : vous le livrez, & à qui ? à une Partie adverfe, pour dépouiller de juftes Acquereurs , après avoir contracté avec eux les plus étroites obligations. Lifez le contrat de vente que vous avez fait à feu Michel Jaquelin le dernier jour d'Avril 1725, lorfque vous avez vendu la pièce du Caney ; quelles foumiffions y avez-vous prifes ? Les voici : » vous avez promis de donner une copie collationnée du » contrat de retrait toutes fois & quantes, & de lui aider de l'ori-
» ginal

» ginal en cas de trouble , *ainſi que d'un contrat de vente fait par*
» *Henri-Louis Yver à ladite Demoiſelle Eſſe & audit ſieur Jaque-*
» *lin, paſſé devant les Notaires de Bayeux le 27 Novemb. 1723.*

Liſez encore, ſieur Fouquet, le contrat de clameur que vous fites au mois de Janvier précédent; vous y verrez que *la groſſe du contrat de 1723* vous fut miſe aux mains par la mere & le frere du ſieur de Prépont; preuve bien évidente que vous avez toujours été en poſſeſſion de ce titre. L'on a vû ci-devant les interpellations que Vaudelles a faites au ſieur de Prépont de repréſenter le contrat de 1723 ; & l'on voit ici que le ſieur Fouquet en a toujours été ſaiſi, & qu'il l'a baillé à Vaudelles pour agir contre le ſieur de Prépont & ſes Parens. Quelle contradiction, & en même tems quel chef-d'œuvre de mauvaiſe foi.

Mais il faut reprendre l'interrogat que lui a fait le ſieur Curé de Veret, en lui demandant » S'il n'étoit pas vrai qu'il poſſédoit ,, les deux ſillons, delle des Hautes-guéres, pour ſa récompenſe „ des 4 boiſſeaux de froment qu'il paye à M. d'Ecrameville, au ,, lieu & place de Henri-Louis Yver.

A quoi le ſieur de Prépont a répondu *que non*, & *qu'il comptoit bien en pourſuivre ſa récompenſe, & qu'il s'y réſervoit.*

Comme le ſieur Fouquet a dit, page 14 de ſon Mémoire imprimé, que l'accuſation du ſieur de Prépont portoit ſur trois faits principaux, nous ſommes obligés de lui dire ce que nous avons déja dit, que le fait eſt faux.

En effet, le ſieur de Prépont dans cette Supplique n'a point parlé des 4 boiſſeaux de froment, dont la récompenſe lui eſt dûe ſur la ſucceſſion de Henri-Louis Yver; ç'a été le ſieur Fouquet qui l'a provoqué par l'interrogatoire qu'il lui a fait prêter, comme il eſt aiſé de s'en convaincre par l'interrogat ci-deſſus. Il eſt beau de voir que le ſieur Fouquet ſoit tombé dans le panneau qu'il avoit adroitement tendu au ſieur de Prépont.

Il va donc mettre en avant tous les moyens dont le ſieur Fouquet a fait uſage pour lui faire perdre la récompenſe de ces quatre boiſſeaux de froment.

Premier moyen. Le ſieur Fouquet s'eſt mis en poſſeſſion d'une partie des biens de Henri-Louis Yver, qu'il a fieffés à François Godefroi par acte ſous ſeing privé du 14 Mai 1742 : cet acte n'a été fait ſous ſignature privée, que pour ôter aux créanciers privilégiés, toute connoiſſance de la valeur des biens de cette ſucceſſion, & principalement au ſieur de Prépont qui avoit un privilége égal au ſieur Fouquet pour cette récompenſe, comme il avoit été jugé par lad. Sentence du 15 Juillet 1718, dont on a parlé au commencement de ce Mémoire.

Second moyen. Il eſt aiſé de ſe convaincre de l'intention qu'avoit le ſieur Fouquet en faiſant cet acte ſous ſeing avec Godefroi; c'eſt

L

qu'il s'étoit mis en poffeffion de ces fonds , en vertu d'un autre acte fous feing fait avec Jean Câtel le 25 Avril 1740 , fans en avoir fait dreffer de Procès-verbal eftimatif , & fans y avoir appellé les créanciers de Henri-Louis Yver ; précaution qui devenoit néceffaire , & qu'il n'a pas prife contre toute regle , dans la vuë de s'approprier tout ce qu'il y avoit de meilleur fur ces héritages , dont il n'eft pas douteux qu'il a fait fon profit.

Troifiéme moyen. Il a fuppofé contre toute vérité que le fieur de Prépont étoit en poffeffion des deux fillons de terre , delle des Hautes-guéres , pour faire & continuer cette rente à M. d'Ecrameville , *au lieu & place de Henri-Louis Yver* ; * le fieur Fouquet ne pouvoit cependant pas faire cette fuppofition , fans agir contre fa confcience , puifqu'il ne pouvoit pas ignorer la Sentence de 1718 & le contrat du 27 Novembre 1723 , dont il eft toujours demeuré faifi , par lequel Henri-Louis Yver a payé aux fieurs Jaquelin 172 livres , pour les frais de ce Procès ; il agiffoit contre fa confcience , puifqu'il fçavoit bien que Henri-Louis Yver par ce contrat étoit demeuré chargé de faire & continuer cette rente , & qu'il ne pouvoit pas impofer aux fieurs Jaquelin de nouvelles charges fur ce fond après l'avoir vendu.

Enfin le fieur Fouquet agiffoit contre fa confcience , puifqu'il n'a jamais ignoré qu'en 1726 , M. M. de la Bretonniére & d'Ecrameville firent faifir les levées de Gabriel Fouquet fon pere , & celles du fieur Jaquelin , pour être payés de la rente de 8 boiffeaux & 30 fols , & que ceux-ci demandérent un tems compétent pour approcher Henri-Louis Yver ; tout cela avec le Gage-plége dudit Seigneur d'Ecrameville , où Gabriel Fouquet a paffé fa déclaration , que cette rente eft duë par Henri-Louis Yver , forme une preuve inconteftable que le fieur Curé de Veret a parfaitement connu les droits que le fieur de Prépont avoit à réclamer fur cette fucceffion. (A)

Quatriéme moyen. C'eft que le fieur Fouquet a retenu jufqu'àpréfent le contrat de 1723 ; contrat qui appartient fi légitimement aud. fieur de Prépont , du propre aveu du fieur Fouquet , & qu'il a ôté par ce moyen au fieur de Prépont les connoiffances qu'il auroit acquifes pour demander cette récompenfe. N'ayant point fon titre , & ne connoiffant point où étoient fitués les fonds de Henri-Louis Yver , que pouvoit faire le fieur de Prépont ? Il n'eft donc pas étonnant qu'il perde depuis 1740 un objet de plus de 10 liv.

*Voir le cinquiéme interrogat pag. 22 du préfent Mémoire.

(A) Le fieur de Prépont produira encore les extraits du Controlle de Bayeux , de fept quittances qui ont été données par M. d'Ecrameville & le Fevre fon Receveur , à Henri-Louis Yver , pour le payement de huit boiffeaux de froment , jufqu'au 12 Juillet 1730 : elles font vifées dans la Sentence de 1749 , que le fieur Fouquet a produite au fecret de Juftice , & elles font également vifées dans la Sentence du 15 Juillet 1744 , qui condamne Vaudelles à rendre fon compte de tutelle. Ces quittances prouvent deux chofes : la première , que le fieur de Prépont n'eft point refté Propriétaire des fillons de la Haute-guére , pour faire & continuer les quatre boiffeaux au lieu & place de Henri-Louis Yver ; & la feconde , que Henri-Louis Yver ne devoit à fa mort que huit années d'arrérages.

par an, que le fieur Fouquet lui détient.

Cinquième moyen. Ce dernier moyen répandra encore plus de lumiéres fur tout ce qui a été dit, lorfque l'on confidérera que le fieur Fouquet a fieffé à Godefroy pour 35 liv. 13 fols 4 den. de fonds dont il avoit fixé la valeur à la fomme de 500 liv. une fois payer, dès l'année 1740, devant le Controlleur d'Ifigny ; fomme à laquelle il s'eft réduit pour tout ce qui lui étoit dû de récompenfe pour fes quatre boiffeaux & 30 fols fur cette fucceffion contumacée. Le fieur de Prépont produira l'extrait du Controlleur d'Ifigny.

C'eft à cette occafion que le fieur Fouquet traite le fieur de Pré- pont de calomniateur ; terme qu'il a répété plufieurs fois dans fon Mémoire, & qu'il n'a pas même honte de répéter par rapport à des faits fur lefquels il l'a provoqué par fon interrogatoire. Le fieur de Prépont devient criminel aux yeux de cet Eccléfiaftique, fitôt qu'il ofe faire connoître qu'il lui eft dû une récompenfe égale à la fienne fur les biens de Henri-Louis Yver, & qu'il n'a pas voulu *avoir la complaifance* de dire qu'il poffédoit les deux fillons de la Haute-guére, pour lui tenir lieu de cette récompenfe.

Mais une derniére obfervation qui n'échapera pas aux lumiéres de la Juftice, c'eft que le fieur Fouquet, par l'interrogat infidieux qu'il a fait prêter au fieur de Prépont, en cherchant à appliquer cette récompenfe fur les fillons de la Haute-guére, vouloit qu'il ne fût pas plus en droit d'attaquer Vaudelles que lui-même. Comme ces deux habiles gens ont fieffé à Godefroi tous les biens de la fucceffion contumacée de Henri-Louis Yver, il vouloit encore une fois que le fieur de Prépont ne pût trouver de prife nulle part pour obtenir cette récompenfe, & qu'il la perdît fans reffource.

Si donc le fieur de Prépont avoit répondu à cet interrogat au- trement qu'il n'a fait, il perdoit pour toujours fa récompenfe ; & le Curé de Veret, ainfi que Vaudelles, auroient eû lieu de s'ap- plaudir en fecret d'une fupercherie qui auroit tourné fi heureufe- ment à leur avantage.

Ainfi, après s'être emparé l'un & l'autre des biens de la fucceffion contumacée de Henri-Louis Yver ; après avoir tenté & fait tous leurs efforts pour y comprendre des biens qui n'en dépen- doient pas ; après avoir trompé & féduit la Juftice, pour les faire prononcer & juger tels, ils retiennent encore non feulement des titres qui ne leur appartiennent pas, mais ils ont encore la hardieffe de s'en fervir contre de légitimes Acquereurs à qui ils appartien- nent, pour les dépouiller ; & pour leur faire perdre les récom- penfes de créances privilégiées que ces titres font connoître, & dont on les prive par cette criminelle réticence. Fut-il jamais une injuftice femblable !

On s'imaginera peut-être que la qualité de parent que le fieur Fouquet fe donne, pour foutenir Vaudelles & le protéger feroit une qualité qui naîtroit d'un cœur bienfaifant, pour retirer une famille de l'indigence, ou lui procurer quelqu'autre avantage effentiel, en obfervant toutes fois les Loix de l'équité & de l'honneur : rien ne feroit plus louable qu'un pareil motif ; fi le fieur Fouquet s'étoit borné-là, le fieur de Prépont feroit le premier à faire fon Apologie. Mais que les vues du fieur Fouquet ont été différentes, & que *l'Oint du Seigneur* s'eft bien peu montré digne des éloges qu'il lui prodigueroit !

Mais que le fieur Fouquet dife pourquoi il a abandonné les intérêts de Henri-Louis Yver, pour prendre en main ceux de Vaudelles ? Henri-Louis Yver étoit pourtant auffi proche parent du fieur Fouquet, que la femme de Vaudelles, puifqu'elle étoit coufine germaine de Henri-Louis Yver, & que celui-ci ayant été fous la tutelle de Gabriel Fouquet, devoit exciter les regards du fieur Fouquet fon fils, Curé de Veret, par préférence à Vaudelles. Cette double qualité de parent & de pupille de fon pere, n'étoit-elle rien pour un Prêtre ? Non fans doute ; puifque le fieur Fouquet fe fait donner une Procuration par Vaudelles & fa femme le 4 Novembre 1734 ; pour agir dans leurs affaires, & ils reconnoiffent par cette Procuration *qu'ils font redevables envers le fieur Fouquet de 270 livres, pour argent qu'il leur avoit remis pour la pourfuite du Procès qu'ils ont foutenu contre Henri-Louis Yver.*

Voilà donc Henri-Louis Yver qui, au lieu d'être protégé & défendu par le fieur Curé de Veret, devient un objet contre lequel Vaudelles *aidé, infpiré & protégé par lui* a fait valoir tous les refforts de la procédure jufqu'à fa mort arrivée en 1738.

Il eft vrai que Henri-Louis Yver avoit fait contumacer les héritiers de Thomas Yver, pere de la femme de Vaudelles, & qu'il s'étoit fait envoyer en poffeffion de fes biens en 1713, pour la reddition de fon compte de tutelle que le Beau-pere de Vaudelles avoit géré pendant près de 12 ans ; mais comme Thomas Yver avoit mal adminiftré cette tutelle, il en avoit été deftitué, & Gabriel Fouquet nommé en fa place. Voilà des faits qui font trop notoires pour être ignorés du fieur Curé de Veret.

Si Vaudelles a fait caffer l'envoi en poffeffion de 1713, par une Sentence de 1730, Vaudelles qui avoit époufé la fille & héritiére de Thomas Yver, n'étoit pas moins tenu de rendre ce compte de tutelle à Henri-Louis Yver ; celui-ci n'a pû l'avoir de fon vivant, mais après fa mort, Vaudelles y a été condamné par une Sentence du 15 Juillet 1744 : cette Sentence eft vifée dans celle de 1749, que le fieur Fouquet a produite au fecret de Juftice.

Dites-nous donc, fieur Fouquet, puifque Vaudelles a été condamné à rendre le compte de tutelle de Henri-Louis Yver, pourquoi jufqu'à-préfent ne l'a-t-il pas rendu, & pourquoi ne doit-il pas le rendre vis-à-vis fes créanciers ? Et dites-nous encore fi Vaudelles

delles doit posséder à leur préjudice les biens contumacés de cette succession, si par l'apurement du compte de tutelle il se trouve assez de deniers pour absorber les créances qu'il porte sur cette succession contumacée ? Ce sont autant de questions qu'il faudroit résoudre , & auxquelles vous ne donnerez vraisemblablement aucune solution. Ainsi il faut conclure que toutes les démarches du sieur Fouquet dans les Procès où il s'est montré le protecteur & le défenseur de Vaudelles, n'ont guéres eû d'autres objet que de se procurer quelqu'avantage personnel & réel , & que la parenté ou l'amitié n'ont été que des prétextes dont il a toujours voilé ses desseins.

Ceci va être rendu sensible par un exemple que le sieur de Prépont va citer qui l'intéresse encore davantage que les 4 boisseaux de froment,

Dans un écrit que Vaudelles signifia à la Cour le 23 Janvier dernier , contre le sieur de Prépont , il soutint que Henri-Louis Yver avoit vendu des fonds par la Transaction de 1723 , qui dépendoient de la succession de son Beau-pere Thomas Yver , dont Henri-Louis Yver s'étoit fait envoyer en possession en 1713.

Le sieur de Prépont a fait connoitre à la Cour la supercherie de Vaudelles & sa mauvaise foi; il ne faut que lire le Mémoire que le sieur de Prépont a fait imprimer contre lui pour être convaincu de cette vérité.

En effet Vaudelles ayant soutenu que Henri-Louis Yver avoit vendu des fonds de Thomas Yver au sieur Doutreval & à la Dame sa mere, il en concluoit que le sieur de Prépont les possédoit encore : ce que Vaudelles a été obligé de désavouer en produisant lui-même un contrat de fieffe par lui fait de ces héritages au sieur Fouquet le 20 Février 1733 ; lesquels héritages , comme il vient d'être dit ; Vaudelles avoit soutenu à la Cour être encore en la main du sieur de Prépont , tandis que le sieur Fouquet & lui en avoient dépouillé la Dame Onfroi dès l'année 1731,

Pour entendre ceci, il faut revenir à la clameur que le sieur Fouquet prétend avoir fait en 1725 ; par complaisance pour les sieurs Jaquelin ; c'est de là qu'il faut partir ; pour connoître toute l'adresse & toute l'habileté du sieur Fouquet, lorsqu'il s'est agi d'ajoûter à son domaine quelque fond de bienséance.

C'est par l'interrogatoire , & encore plus par son Mémoire imprimé , pages 18 & 19 , qu'il paroît triompher d'une clameur frauduleuse qu'il ne rougit point de publier ; pour en faire retomber le réproche sur le sieur de Prépont.

Cette clameur étoit-elle sincére ? dit le sieur Fouquet. *Voici des détails propres à faire rougir Prépont sur son accusation, & à justifier le sieur Fouquet. Ce dernier n'étoit point le Commensal de la maison de Prépont ; comme il le lui reproche ; & c'est ou pour s'en faire accroire ; ou pour mortifier de plus en plus le Curé ; que ce reproche*

M

lui eſt fait. La ſeule réponſe ſera qu'en 1725 la mere de *Prépont* n'é-
toit point dans le cas d'avoir des *Commenſaux* ; au reſte il eſt toujours
certain que le ſieur *Fouquet* clama : *ille fecit ſcelus cui prodeſt.* Il
n'a pas gagné une obole à cette clameur ; elle a tourné au ſeul profit
de *Prépont* : jamais il n'a ceſſé d'être en poſſeſſion des fonds clamés. * Loin que le ſieur *Fouquet* fût *Propriétaire* en vertu de ſa clameur, il étoit le *Fermier* de *Prépont*, même d'une portion du bien
qu'il avoit clamé : il lui en a payé le fermage juſqu'en 1731, que
Vaudelles lui fit une défenſe d'y mettre ni fer ni fût, & lequel exploit la mere de *Prépont* tint pour ſignifié : s'il eût été *Proprié-*
taire, auroit-il été *Fermier* du même objet ? Ces deux qualités ré-
ſiſtent l'une à l'autre.

* Puiſque le Sr. Fouquet dit que Prépont n'a jamais ceſſé d'être en poſ- ſeſſion des fonds clamés ; c'eſt bien reconnoitre ſon injuſtice d'avoir toujours gardé le contrat de 1733.

Le ſieur *Fouquet*, qui ne peut repréſenter ni baux ni quittances
de la main du ſieur de Prépont, a la hardieſſe de ſoutenir qu'il
étoit ſon fermier, & qu'il l'a payé juſqu'en 1731 : ſans doute que
c'étoit dans le tems qu'il étoit au Collége & qu'il faiſoit ſes études.
Le ſieur *Fouquet* ne peut pourtant méconnoitre que c'étoit la mere
du ſieur de Prépont qui tint l'exploit de Vaudelles pour ſignifié.
Qui ne voit l'adreſſe du ſieur Fouquet, pour ſuppoſer que le ſieur
de Prépont a eû des connoiſſances particuliéres de ce qui s'eſt paſſé
dans ſa minorité, entre ſa mere, ſon frere & le ſieur Fouquet,
tandis qu'il eſt forcé de convenir qu'il n'a donné ces connoiſſances
au ſieur de Prépont que *devant le Vicaire de Formigny*, vers le
commencement du Procès de Vaudelles.

Mais pourquoi dites-vous, ſieur Fouquet, *que jamais Prépont*
n'a ceſſé d'être en poſſeſſion des fonds clamés ? Pourquoi ne dites-
vous pas que Vaudelles vous a fieffé cette portion dont vous jouiſ-
ſiez à titre de ferme, & dont vous avez ceſſé de payer le fermage
en 1731 ? Que ne dites-vous nuëment & ſans détours, qu'après
avoir ſurpris la mere du ſieur de Prépont, par la remiſe qu'elle
vous fit ſur l'exploit que Vaudelles vous avoit ſignifié, vous vous
fites faire un contrat de fieffe de ces mêmes fonds, avec quelques
autres encore que Vaudelles y ajoûta ; le tout moyennant 25 liv.
de rente, par contrat du 20 Février 1733. Pourquoi n'avez-vous
point parlé de ce contrat de fieffe dans votre Mémoire imprimé,
pour *juſtifier votre innocence* ? C'eſt que vous ſçaviez bien que le
ſieur de Prépont n'a jamais eû la moindre connoiſſance de ce qui
s'eſt paſſé en 1733, non plus que de ce qui s'étoit paſſé auparavant
entre ſa mere, ſon frere & vous.

Il faut remarquer que Vaudelles avoit tenu le même langage à
la Cour, en ſoutenant, comme le ſieur Curé de Veret, que le ſieur
de Prépont étoit encore en poſſeſſion de ces fonds. Même langage,
mêmes détours, mêmes ſubtilités. Il n'eſt donc pas beſoin de faire
d'efforts, ni ſe donner la torture pour trouver ailleurs que dans ces
deux aſſociés un complot bien formé & machiné, pour en impo-

ser à la Justice & au Public. Que la confiance de la Dame Onfroi & du sieur Doutreval son fils, dans tous les tems qu'ils l'ont donnée au sieur Fouquet, étoit bien placée, & qu'elle étoit en de dignes mains !

Le sieur de Prépont supplie Justice de lire le contrat du 27 Novembre 1723, & de faire attention aux trois derniers articles vendus par 500 liv. Ce sont ces fonds que Vaudelles a prétendu devoir appartenir à Thomas Yver son Beau-pere, dont le sieur Fouquet jouissoit en qualité de Fermier, & qu'il se fit fieffer le 20 Février 1733, par contrat devant Notaire. Il n'est pas douteux que le sieur Fouquet s'étoit déja muni d'un acte sous seing privé de la part de Vaudelles, dès avant l'exploit qu'il s'étoit fait faire ; l'usage où ils ont toujours été l'un & l'autre de faire ces sortes d'actes, pour mieux cacher & déguiser leurs desseins, ne permet guéres d'en douter : il faut donc croire que le contrat de 1733 devant Notaire n'en étoit que la ratificatton. On ne sera donc pas surpris de ce que le sieur Fouquet a caché ce contrat à la Justice, & qu'il n'en ait point parlé dans son Mémoire.

Le sieur de Prépont n'a point encore obtenu de récompense sur les biens de Henri-Louis Yver, qui avoit vendu ces fonds comme à lui appartenans ; elle lui est cependant due, comme des quatre boisseaux de froment qu'il paye à M. d'Ecrameville. Ces deux objets sont de conséquence ; il perd depuis 34 ans le principal & les intérêts de cette somme, avec les intérêts d'éviction : il perd également depuis le décès de Henri-Louis Yver, arrivé en 1738, le capital avec les intérêts des quatre boisseaux de froment, dont les biens de Catilly, Maitry & St. Marcouf sont l'objet ; & c'est le sieur Fouquet qui, en retenant en ses mains le contrat de 1723, prive le sieur de Prépont de toutes ces récompenses, puisque sans ce titre, qu'il a toujours ignoré jusqu'à-présent, il n'avoit aucune connoissance de ses droits.

Il faut présentement donner copie de l'exploit que le sieur Fouquet se fit faire de concert avec Vaudelles, pour dépouiller la Dame Onfroi des héritages en question. Cette copie est tirée sur l'original produit à la Cour par Vaudelles : elle doit être conforme à celle que le sieur Fouquet a déposée au secret de Justice.

» Nicolas le Roux, Huissier-Audiencier pour le Roi en Bailliage
» & Vicomté de Bayeux, résident Paroisse St. André, certifie que
» ce 21 Septembre 1731, avant midi, à la requête de Charles
» Vaudelles, ayant épousé Valentinne Yver, fille & héritiére de
» Thomas Yver son Pere, demeurant Paroisse de Surain, présent
» en personne, j'ai fait sommation à Me. Aimé Fouquet, Prêtre,
» demeurant Paroisse d'Ecrameville, en parlant à sa personne, trou-
» vé au bourg de Treviéres, de quitter la jouissance & possession
» des fonds ayant appartenu à défunt Thomas Yver, & n'y mettre

» ni fer ni fût ; lui déclarant que faute par lui de la remettre pré-
» fentement aux mains dudit Requérant , de fe pourvoir par toute
» voïe due & raifonnable , pour l'y abftreindre , fous toutes pro-
» teftations & réfervations : ladite terre fife & fituée Paroiffe d'Ai-
» gnerville , delle du Cavé , & fous la foffe des Vez ; le tout ainfi
» qu'il en appartient audit Requérant en fadite qualité : dont acte ,
» relation baillée fuivant l'Ordonnance. *Signé*, C. VAUDELLES
» & N. LE ROUX. Controllé à Bayeux ce 24 Septembre 1731.
» Reçu 9 fols 6 den. *Signé*, BELLEY , *avec paraphe. Et en marge*
» *eft écrit :* Original.

L'on voit que Vaudelles n'explique point en quelle qualité le
fieur Fouquet joüiffoit de ces fonds ; il ne dit point fi c'étoit comme
fermier de la Dame Onfroi, ni qu'il les eut clamé : il n'explique
point dans cette fommation que Henri-Louis Yver les eût vendu
aux fieurs Jaquelin, par le contrat du 27 Novembre 1723 , ni
en quoi ces hétitages fe confiftoient. Tout ce détail eût été fuper-
flu, il n'étoit befoin que d'un fignal de la part de Vaudelles , le fieur
Fouquet qui entendoit à demi mot , fçavoit tout d'un coup de quoi
il s'agiffoit, il prêtoit de l'argent à Vaudelles pour pourfuivre Henri-Louis Yver; bientôt il devint fon porteur de Procuration.

Mais le fieur Fouquet qui devoit à Vaudelles *à titre d'allié*, ne
devoit rien fans doute à la Dame Onfroi & au fieur Doutreval *à
titre d'ami* ; & fi la confiance aveugle que cette Dame eut pour
lui la détermina à mettre fur cette fignification *un tenu pour fignifié*, quel reproche pour le fieur Fouquet d'être toujours demeuré
faifi du contrat de 1723, pour empêcher le fieur de Prépont d'exercer fon recours en garantie fur les biens de Henri-Louis Yver dont
il eft en poffeffion d'une partie, & Vaudelles de l'autre ! & d'avoir
par ce moyen empêché non feulement le fieur de Prépont d'exercer cette garantie fur les biens *de Câtilly , Maîtry & St. Marcouf*,
mais encore de faire rendre à Vaudelles le compte de tutelle qu'il
doit à Henri-Louis Yver , comme ayant époufé la fille & héritiére
de Thomas Yver fon Tuteur ; compté que Vaudelles a été condamné de rendre par Sentence du 15 Juillet 1744, que le fieur de
Prépont produira. Il ne faut donc pas être furpris , comme le fieur
de Prépont l'a déja dit , que le fieur Fouquet n'ait ofé montrer le
contrat de fieffe du 20 Février 1733 , *qui malè agit ôdit lucem.*

Il paroit encore que le fieur Fouquet qui s'étoit fait faire cette
fignification par Vaudelles le 21 Septembre 1731 , en demeura
faifi environ l'efpace de 3 mois fans en rien faire connoître à la
Dame Onfroi. Il eft aifé de s'en convaincre par les extraits du
Controlle de Bayeux, que le fieur de Prépont s'eft fait autorifer
de délivrer par une Ordonnance de M. le Subdélégué. On voit
que *le tenu pour fignifié* porte datte du 28 Décembre ; fuivant cette
époque, le fieur Fouquet n'auroit montré cette fommation à la Dame
Onfroy

Onfroi qu'après le dernier payement de son fermage qu'il lui avoit fait le 21 Décembre, sept jours avant *le tenu pour signifié*. Ainsi comme le sieur Fouquet ne lui devoit plus rien, il ne manqua pas de lui faire mettre *le tenu pour signifié* ; il n'avoit plus rien à ménager avec la Dame Onfroi, *ni avec ses amis*.

Le sieur de Prépont a dit ci-devant que Vaudelles avoit tenu à la Cour le même langage que le sieur Fouquet, en supposant contre toute vérité que le sieur de Prépont étoit encore jouissant de ces fonds. Mais il fut forcé de desavouer ce fait dans son Mémoire imprimé, en disant *que les fonds n'étoient plus en la main du sieur de Prépont, parcequ'il n'avoit pas sous les yeux le contrat de délais du 20 Janvier 1725, ni la sommation du 21 Septembre 1731*. Il produisit en même tems le contrat de fieffe du 20 Février 1733, sans en avoir parlé dans son Mémoire, parcequ'il craignit avec raison que le sieur de Prépont ne produisît celui qu'il avoit délivré au Notariat de Tréviéres, pour le convaincre de sa supercherie.

Ce fut sur ce desaveu, & après la production de ce contrat, que le sieur de Prépont lui reprocha d'en avoir imposé à la Cour, en feignant d'ignorer un contrat de fieffe que lui-même avoit fait au au sieur Curé de Veret. Le sieur de Prépont produira ces deux imprimés avec le contrat de fieffe de 1733.

Le sieur Fouquet en suivant le plan qu'il avoit tracé à Vaudelles en impose donc à la Justice, quand il vient dire que *jamais Prépont n'a cessé d'être en possession des fonds clamés*, puisque le sieur Fouquet fit envoyer à Vaudelles à Roüen, au mois d'Avril dernier une copie collationnée de ce contrat pour en faire la production, & sauver à Vaudelle le reproche que le sieur de Prépont lui auroit fait, en faisant la production du sien.

Cette copie est délivrée par Duruel Notaire à Bayeux sur l'original réprésenté par Hervieu, Neveu du sieur Fouquet, & cette copie porte datte du 13 Avril 1765, environ six semaines avant que le sieur Fouquet ait fait signifier son Mémoire imprimé, dans lequel il n'a point jugé à propos de parler de ce contrat. C'est d'après un silence si artificieusement affecté, qu'il prétend *justifier son innocence*.

Le sieur Fouquet, qui se vante *avec complaisance* d'avoir fait une clameur frauduleuse, en voudroit faire rejaillir l'iniquité sur le sieur de Prépont qui n'a jamais eû la moindre connoissance de ce qui s'est passé en en 1725 & en 1733 : c'est donc avec bien de l'impudence & de la mauvaise foi qu'il lui reproche de jouir d'un bien qu'il ne posséde plus depuis 34 ans, & qui est en la main du sieur Fouquet.

Mais croit-il échaper à la sévérité de la Justice ? N'a-t-il point à craindre les regards du Ministére public, qui veille avec tant de soin & d'attention à la sûreté de chaque Citoyen ? *N'est-il pas cou-*

N

pable contre le Ciel & contre la terre, & n'est-il pas un Criminel, dont le Ministère public doit tirer vengeance ? Le sieur Fouquet est convaincu d'avoir fait des torts considérables au sieur de Prépont: il est encore convaincu de chercher à dépouiller les héritiers Michel Jaquelin de la piéce du Caney, dont il a fourni le titre à Vaudelles, quoiqu'il ait promis d'en aider l'Acquereur, *en cas de trouble*. C'est à la vuë de preuves si claires qu'il vient se plaindre du *talia solitus*, à lui si justement reproché ; & qu'il vient dire hardiment *qu'il n'a jamais fait tort à quique ce soit*.

Le sieur Fouquet ne se souvient sans doute plus des bruits qui se répandirent dans le canton, quand Vaudelles attaqua le sieur Duval Jaquelin en 1759, pour le dépouiller de la piéce du Caney ; que c'étoit le sieur Fouquet qui étoit le moteur de ce Procès, & qu'il n'avoit rien à appréhender, parcequ'il avoit vendu cette piéce *sans garantie*. Or le sieur Fouquet qui ne doit pas ignorer ces bruits doit reconnoître ici une injustice si criante fondée sur une supercherie la plus manifeste, pour en imposer à la justice, afin de procurer à Vaudelles des biens qui ne furent jamais compris dans la Sentence de contumace du 20 Mars 1739.

Aussi le sieur Fouquet qui sentoit le poids d'un pareil reproche, & qui n'ignoroit pas les raisons qui avoient porté le sieur de Prépont à donner sa Supplique à la Conférence de Formigny, lui fit-il demander par l'interrogatoire, ce qu'il avoit voulu dire par *le chapitre des restitutions*. Le sieur de Prépont répondit qu'il avoit voulu dire *qu'il n'étoit pas le seul qui se plaignit des vexations du sieur Fouquet*. Cette réponse étoit modérée autant qu'elle étoit véritable, & elle suffisoit au sieur Fouquet à qui il ne falloit pas de commentaire pour entendre que c'étoit du sieur Duval Jaquelin dont le sieur de Prépont vouloit parler : or il ne craint point d'assurer à la Justice & au Public que cette preuve est faite du *talia solitus*, quand il n'y auroit que la seule tradition du titre de 1725, que Vaudelles a produit à la Cour, & dont le sieur de Prépont a fait tirer la copie collationnée qu'il déposera au secret de Justice.

Comme le sieur Fouquet a dit dans son Mémoire *qu'il a été le Fermier du sieur de Prépont d'une portion du bien qu'il avoit clamé*, il ne dit point qu'il ait été fermier des deux sillons de la Hauteguére : il ne dit point non plus qu'il les ait revendu à quique ce soit, & qu'il en ait rapporté le prix ; mais il dit adroitement page 20, *qu'il ne possédé qu'une vergée & demie au plus dans la delle des Guéres ou du Moulin-à-vent*. Mais le sieur Fouquet a-t-il oublié que dans tous les tems il a sçû faire usage des actes sous signature privée, quand il a cru que ses intérêts devoient s'accorder avec une chose qu'il pouvoit tenir secrette. Au reste le sieur de Prépont ne s'attachera point à faire cette découverte ; elle lui seroit fort inutile, par les raisons qui établissent que Vaudelles n'a rien à prétendre & réclamer dans la Paroiffe de Formigny, *& que la complaifance du fieur Fouquet d'avoir clamé les fonds pour faire plaifir au fieur de Prépont*, eft une œuvre de furérogation, qui ne fert qu'à le couvrir de confufion & de honte.

Il n'y a lieu à la plainte du fieur Fouquet : elle eft mal fondée.

Pour établir cette propofition, il ne faut que jetter les yeux fur la conduite qu'a tenue le fieur Fouquet dans tous les tems où il a été familier chez les fieurs Jaquelin, & qu'il s'y eft acquis leur confiance par ce moyen ; confiance qu'il a gagnée fous les dehors fpécieux d'un caractére le plus refpectable. Il n'en falloit donc pas davantage à la mere & au frére du fieur de Prépont, pour s'y livrer entiérement & fans réferve ; & le fieur de Prépont, qui dans la fuite avoit acquis les mêmes préjugés, n'avoit garde de former contre lui aucuns foupçons fâcheux : il étoit donc l'ami du fieur Fouquet, l'on n'en peut douter ; mais le fondement de cette amitié étoit-il folide dans le fieur Fouquet, ou plutôt n'en a-t-il pas abufé pour le dépouiller autant de fois qu'il en a trouvé l'occafion favorable ? La preuve en eft fi claire au procès, que l'on ne peut s'y refufer.

Juftice & le Public ont vû dans ce Mémoire, qu'il a livré à Vaudelles un contrat qui appartient au fieur de Prépont, que Vaudelles s'en eft fervi contre lui, & qu'il s'en fert encore actuellement contre les héritiers Michel Jaquelin ;

Que le fieur Fouquet a cherché, & cherche encore à priver le fieur de Prépont de la récompenfe des 4 boiffeaux de froment fur la fucceffion de Henri-Louis Yver ; fur laquelle le fieur Fouquet n'a pas négligé de pourfuivre celle qui lui étoit due, & de s'être mis en poffeffion de fonds jufqu'à la concurrence de *35 liv. 13 fols 4 deniers*, fans en avoir fait dreffer de Procès-verbal eftimatif ;

Qu'il a voulu faire cette application fur les deux fillons que le fieur de Prépont poffede en la campagne de Formigny, dont Vaudelles a voulu le dépoffeder, en concluant à la répétition des jouiffances ; *

Que le fieur Fouquet voulant appliquer cette récompenfe fur les fillons du fieur de Prépont, avoit en vue de l'empêcher qu'il n'exeaçât fon recours en garantie fur les biens de Henri-Louis Yver que Vaudelles & le fieur Fouquet ont fieffés dès 1742 par des actes fous feing privé, pour ôter toute connoiffance aux créanciers, & principalement au fieur de Prépont ;

Que Vaudelles & le fieur Fouquet ont fait énoncer frauduleufement dans la Sentence de 1754, *celle du 11 Octobre 1738*, à la place de celle du 20 Mars 1739, & qu'ils y ont produit le contrat du 27 Novembre 1723, pour avoir un prétexte de dépouiller

* C'eft ici où Juftice & le Public doivent reconnoitre toute la candeur du fieur Fouquet, *qui a*, dit-il, *pouffé la complaifance pour le fieur de Prépont jufqu'à la foibleffe.*

les fieurs Jaquelin des biens qu'ils poffédent à Formigny, comme *dépendans des biens contumacés de Henri-Louis Yver.*

L'on a vû que Vaudelles en a formé la demande au fieur de Prépont, ainfi qu'aux héritiers Michel Jaquelin, & qu'il y a eû deux Sentences rendües à leur préjudice *fur ce faux énoncé.*

Que le fieur Fouquet a encore retenu le contrat de 1723, pour empêcher le fieur de Prépont d'exercer fur cette fucceffion contumacée la récompenfe des fix fillons de terre, dont Vaudelles & le fieur Fouquet ont dépoffédé la Dame Onfroi dès 1731, comme *dépendans de la fucceffion de Thomas Yver, Beau-pere de Vaudelles,* & dont le fieur Fouquet s'eft fait faire un contrat de-fieffe par Vaudelles en 1733, quoique l'un & l'autre aient foutenu dans leurs écritures à la Cour & à Bayeux, que *le fieur de Prépont n'avoit jamais ceffé d'en être en poffeffion,* & qu'il foit cependant vrai qu'il en a perdu la poffeffion depuis 34 ans.

Que pour fe récompenfer des quatre boiffeaux de froment & 30 fols dûs au fieur Fouquet, il a fixé lui-même toutes fes demandes en principal, arrérages & frais, à la fomme de 500 liv. feulement, ce qui ne peut former qu'un intérêt de 25 livres, tandis qu'il perçoit 35 liv. 13 fols 4 den. & qu'il lui a refté aux mains tous les ans depuis 1740. 10 liv. 13 fols 4 den. qui fuffifent pour récompenfer le fieur de Prépont des 4 autres boiffeaux de froment dont il a été privé jufqu'à ce jour, faute d'avoir le contrat de 1723.

L'on a vû que toutes ces récompenfes font dûes au fieur de Prépont, & que Vaudelles & le Curé de Veret poffédent non feulement les biens *de Câtilly; Maîtry & St. Marcoulf*, qui en font l'objet; mais encore que Vaudelles, par la Sentence du 15 Juillet 1744, eft obligé de rendre le compte de tutelle dû par feu Thomas Yver fon Beau-pere, à Henri-Louis Yver ou à fes Créanciers, & que cette Sentence n'a point encore eû d'exécution jufqu'à-préfent.

Que le fieur Fouquet a toujours géré & adminiftré les affaires de Vaudelles, étant fon Porteur de procuration depuis l'année 1734.

Enfin l'on a vû les liaifons & la familiarité du fieur Fouquet dans la maifon du fieur de Prépont, la confiance que fa mere & fon frére lui avoient donnée, enfuite l'abus qu'il en a fait en prenant connoiffance de leurs affaires pour les dépoüiller.

Juftice & le Public ont également vû les détours, les artifices & les menfonges du fieur Fouquet employés dans fon Mémoire. Il faut donc être bien hardi pour ofer dire que le fieur de Prépont *eft atteint & convaincu d'avoir par haine, fans fujet, prétexte ni occafion, compofé, figné & rendu public un libélle diffamatoire*, & de conclure *en vingt mille livres d'intérêts*, tandis que le fieur Fouquet eft convaincu lui-même d'avoir *par haine* & *par animofité* cherché à dépoffédér le fieur de Prépont de deux fillons de terre en la campagne de Formigny; comme auffi de chercher à dépoffédér

les

les héritiers Michel Jaquelin de la pièce du Caney, & de faire perdre au sieur de Prépont 4 boisseaux de froment & six sillons de terre. Sans doute *que cette conclusion de vingt mille livres* est la récompense que le sieur Fouquet a crû mériter pour des actions si dignes de lui, & dont il prétend avoir puisé l'exemple dans St. Jean Chrisostôme.

Mais le sieur Fouquet, pour donner à cette conclusion plus de probabilité, a dit page 14 » que sa victoire, toute sûre quelle étoit, » n'eût pas suffisamment justifié *son innocence*; & c'est le motif pour » lequel il se porte avec confiance *à l'examen des faits qui lui* » *sont reprochés*: le triomphe le plus flatteur, dit-il, est celui que » la vérité prépare à la vertu.

Mais comment le sieur Fouquet peut-il dire *qu'il se porte avec confiance à l'examen des faits qui lui sont reprochés*, & dire en même tems *que la vérification en sera déniée au sieur de Prépont*? * La Justice & le Public qui ont examiné ces faits, adopteront-ils un système si singulier? Le sieur Fouquet par l'interrogatoire n'a-t-il pas contracté l'obligation de *vérifier* les réponses du sieur de Prépont, comme celui-ci a contracté l'obligation de *vérifier* les interrogats du sieur Fouquet? Or l'on demande si le sieur Fouquet a quelque privilége qui lui soit particulier? Il faut donc qu'il convienne que la justification *de son innocence* dépend de cette *vérification*, & qu'il doit s'y soumettre, comme le sieur de Prépont s'y est soumis lui-même.

* Page 14, ligne 11. de son Mémoire.

Il est aisé de remarquer que le sieur Fouquet, en faisant un si beau paradoxe, ne s'étoit pas souvenu de ce qu'il avoit avancé page 11 de son Mémoire, en se faisant l'application de l'exemple de St. Jérôme, qui avoit répondu aux reproches de Rufin: *Respondere compellor ne videar tacendo crimen agnoscere, & lænitatem meam malæ conscientiæ signum interpretari.* Il est bien vrai que St. Jérôme justifia son innocence vis-à-vis de Ruffin, mais il ne lui imputa jamais le dessein d'un libelle diffamatoire; St. Jérôme avoit trop de vertu pour supposer des faits qui n'avoient aucune apparence de vérité. Il n'imagina jamais non plus que Ruffin eût fait un complot pour le perdre; il se défendit par des raisons simples: *cela est*, ou *cela n'est pas.*

Quand on suit comme ces Héros du Christianisme une doctrine aussi pure que celle qu'ils ont pratiquée & enseignée, il est bien permis de parler le même langage, en imitant leurs vertus; mais dites-nous, sieur Fouquet, si c'est par les faits du Procès que vous prétendez leur ressembler? & si vous pouvez attribuer *à la malignité du cœur humain* * la Supplique que le sieur de Prépont a présentée à vos Confrères, après avoir tenté inutilement tous les moyens d'obtenir la paix avec vous & avec Vaudelles, comme il est si bien prouvé par le certificat de M. Denise, & par la compromis

* Citation de M. de Ferriéres par le sieur Fouquet.

O

* Cette compro-
miffion eft écrite
de la main de
Monrôti, Domef-
tique de Made-
moifelle de Be-
nouville.

fion faite en la préfence de Mademoifelle de Benouville, dont Vaudelles n'a pas voulu tenir, * *parceque vous vous étiez rangé de fon
parti.* En falloit-il davantage au fieur de Prépont pour s'irri-
ter contre un ennemi caché, qui s'eft rendu terrible & redoutable
à fes voifins ? Il faut donc que vous conveniez, fieur Fouquet,
qu'il n'y a lieu à la plainte que vous avez faite contre le fieur de
Prépont.

D'ailleurs le fieur de Prépont par fa Supplique ne s'eft plaint que
de deux faits feulement : de l'ufurpation que le fieur Fouquet lui a
faite d'un pied de terre, après Tranfaction faite; ufurpation qu'il
n'a pas méconnuë : & de la réclamation des deux fillons par Vaudelles; & c'eft en voulant *juftifier fon innocence* contre cette Supplique, que le fieur Fouquet vient fe préfenter aux yeux de la
Juftice, chargé, pour-ainfi-dire, des dépouilles du fieur de Prépont, lui demander des intérêts. Il ne lui fuffifoit fans doute pas
d'être convaincu de perfécuter le fieur de Prépont, & de le vexer
par d'odieufes chicanes, il falloit encore qu'il montrât à la Juftice
& au Public, qu'il lui retenoit quatre boiffeaux de froment, fix
fillons de terre & le contrat de 1723, en vertu duquel il a droit
de former fes demandes fur la fucceffion de Henri-Louis Yves;
enfin il falloit que le fieur Fouquet montrât la fraude qu'il avoit
faite lors de la clameur de 1725, dont il veut rendre le fieur de
Prépont complice, & qu'il montrât celle qu'il a faite lors de la
Sentence de 1754, pour avoir un prétexte de réclamer des fonds
dont il étoit obligé par état, & encore plus par principe de juftice,
de conferver la poffeffion aux Acquereurs.

Voilà l'odieufe fituation dans laquelle il s'eft placé, pour conclure
en 20000 livres d'intérêts qu'il veut faire payer folidairement aux
fieurs de Prépont, Drurie & de Parfouru, fous prétexte d'un complot chimérique qu'il n'a imaginé après coup, que quand il s'eft ap-
perçu que le fieur de Prépont avoit dépofé les piéces qui juftifient
qu'il avoit rendu une plainte à fes Confréres, contre le fieur de
Parfouru.

Inutilement le fieur de Prépont en diroit davantage, ce Mémoire n'eft déja que trop long; mais il étoit indifpenfable d'entrer
dans la déduction des faits qui établiffent le bon droit de fa caufe,
& toutes les injuftices du fieur Fouquet.

A MONSIEUR

LE LIEUTENANT GÉNÉRAL
du Bailliage Criminel de Bayeux.

SUPPLIE humblement *JEAN-FRANÇOIS JAQUELIN, Sieur DE PREPONT*,

CONTRE

Maître AIMÉ FOUQUET, Prêtre, Curé de la Paroisse de Veret.

En la présence des autres Parties du Procès.

A ce qu'il Vous plaise, MONSIEUR, lui permettre de faire signifier copie du présent Mémoire aux Procureurs des Parties; l'autoriser de déposer au Greffe de ce Siége les Titres y énoncés; joindre le tout à son interrogatoire, & autres piéces du Procès, pour, en jugeant définitivement, décharger le Suppliant de l'odieuse accusation & plainte contre lui formée par ledit sieur Curé de Veret; condamner ce dernier en 15000. liv. de dommages & intérêts d'induë vexation; ordonner que les termes injurieux, employés dans les écritures dudit sieur Curé de Veret, seront biffés par l'Huissier de service, dont sera dressé procès-verbal; que, pour valoir de plus ample réparation au Suppliant, le Jugement à intervenir sera imprimé, publié & affiché où il appartiendra, aux frais dud. sieur Curé de Veret; le condamner aux dépens, sauf au Suppliant de se pourvoir où il appartiendra, aux fins de la restitution du contrat du 27 Novembre 1723, de la représentation de la Sentence du 20 Mars 1739, de la réformation de celle du 18 Juillet 1754, & de la récompense duë de quatre boisseaux de froment, & du recouvrement de six sillons de terre mentionnés dans ledit contrat du 27 Novembre 1723, & en celui du 20 Février 1733, de la répétition des fruits de ces objets, & de conclure en tels intérêts qu'il appartiendra à cet égard : à laquelle fin le Suppliant fait réserves de tous moyens de fait & de droit. Et vous ferez Justice.

Présenté ce 1765.

Me. MACÉ, Avocat.

A CAEN, de l'Imprimerie de G. LE ROI, Libraire Rue Froide-rue. 1765.

www.ingramcontent.com/pod-product-compliance
Lightning Source LLC
Chambersburg PA
CBHW070914210326
41521CB00010B/2175